Lidija Ginzburg
MISAO KOJA JE NAPRAVILA KRUG

REČ I MISAO
KNJIGA 475

S ruskog preveo
DUŠKO PAUNKOVIĆ

CIP – Katalogizacija u publikaciji
Narodna biblioteka Srbije, Beograd

882-3

ГИНЗБУРГ, Лидија
        Misao koja je napravila krug / Lidija Ginzburg ; [sa ruskog
preveo Duško Paunković]. – Beograd : Rad, 1997 (Beograd : „Zuhra“).
– 71 str. ; 21 cm. – (Reč i misao ; knj. 475)

Str. 67–70: Zorislav Paunković / Proza Lidije Ginzburg.

ISBN 86-09-00522-4

ID=57391372

# LIDIJA GINZBURG

# MISAO KOJA JE NAPRAVILA KRUG

IZDAVAČKO PREDUZEĆE „RAD"
BEOGRAD

IZVORNIK

Лидия Гинзбург:
Мысль, описавшая круг
Ленинград, 1989

# MISAO KOJA JE NAPRAVILA KRUG

## 1

Umro je Kuzmin. Litfond je razaslao na mašini otkucane pozivnice za sahranu člana Saveza pisaca „Kuzmina M. A." Pored neotesanosti i nepismenosti – meki znak u prezimenu i inicijali nakon prezimena – u sastavljanju teksta učestvovalo je i lukavstvo. Objasnivši da je Mihail Kuzmin bio član Saveza, Litfond je sahrani pridao institucionalni karakter. Veći deo pozivnica stigao je dan posle sahrane. Pored toga, rukovodioci književnih organizacija nisu došli, ali su poslali orkestar od tri turobna muzičara u šinjelima. To se dopalo estetama. Mislim da bi se dopalo i Kuzminu, koji je bio pravi esteta i umeo da prepozna apsurdno i bolno.

Polazilo se iz bolnice „Kujbišev". Ljudi je bilo malo, ali su ispunili usku prostoriju ispred mrtvačnice. U mrtvačnicu su ulazili tiskajući se i istežući vratove. Bila je to sahrana bez rodbine.

Dok su pratili kovčeg, padala je slaba kiša. Prisutni su poluglasno ogovarali odsutne; osećali su da vrše neobavezan, ali kulturan čin. Stare estete su bile dirnute iskrenije od ostalih; njihova prošlost – njihova dragocena prošlost još jednom je umrla.

Jurkun je ispričao o poslednjem Kuzminovom danu. Jurkun je sedeo kod njega u bolnici. Razgovarali su o raznim stvarima. Iznenada, Kuzmin reče:

– Idite kući.
– Zašto? Želim još da budem sa vama.

5

– Idite kući.

– Zašto? Želim još da budem sa vama.

– Ne – rekao je nepopustljivo i dodao: – Život je uglavnom proživljen, ostaju samo detalji...

Jurkun je otišao, i on je umro kroz otprilike sat vremena.

Uveče smo pili votku kod Punjina. Prisećala sam se, zastajkujući:

> Kako volim vlažne zidove
> Belog gledališta,
> Na sceni posivele zavese,
> Žaoku ljubomore...

Ana Andrejevna je rekla: ne recitujemo samo mi noćas njegove stihove...

Kako je bila bolesna, ona nije išla na sahranu. To ju je oneraspoložilo, pošto nije mogla da podnese pokojnog (kao korifeja salona Ane Radlove) i bilo bi joj drago da je mogla da pokaže nepristrasnost.

Rekla je:

– Čudo da vas Nikolaša nije video.

– Nisam išla sve do groblja.

– Nikolaša je poslednjih dana sve vreme režao. A danas je došao sa groblja tako lepo raspoložen. Divan pogreb, kaže: tako su, po kiši, sahranjivali francuske impresioniste.

– Da, da – rekao je oraspoloženi Nikolaj Nikolajevič – zašto niste išli na groblje? Šteta. Svi su mi tamo prilazili, pitali za Anu Andrejevnu. Sve vreme sam imao osećaj da žele još nešto da mi kažu.

– Verovatno – reče Ahmatova – su hteli da vam kažu: poručite A.A. da ćemo i kada ona umre, isto tako doći na groblje.

I tako oni počinju koketirati, upadajući jedno drugome u reč. Ali nećemo im zameriti. Oni su to platili.

Njegova prošlost, koja je toliko puta umirala – umrla je još jednom. A za nju reči o kraju i zaboravu imaju izrazito lični smisao.

I tako je ispalo da je Jurkunova priča, da su reči „...život je uglavnom proživljen, ostaju samo detalji...", da je smrt čoveka, tako reći nepoznatog (samo jednom on mi je neočekivano prišao u hodniku izdavačke kuće i pohvalio „Staru beležnicu" Vjazemskog; tada sam pomislila da on kao da trune, ali ne kao telo, nego, kao što drobeći se i sušeći, trune plemenito staro drvo) – da je ta smrt postala jednim od uporišta u nizu utisaka, koje je, stalno se razgraničavajući, vodilo pravo ka ovoj temi, temi razumevanja smrti – kao neophodnoj za razumevanje, i možda, opravdanje života.

U nizu utisaka, koji su se u početku taložili nesvesno, prva svesna karika odnosi se tek na proleće 1928. godine. Zbog toga što to za mene nije bila prva smrt uopšte, već smrt viđena u njenoj pojedinačnosti.

Tada je sve počelo od razgovora sa kućnom pomoćnicom. Preko telefona.

– Nema nikog. Otišli su u bolnicu.

– Pa, šta ima novo kod vas?

– Ma, nije dobro...

– O čemu se radi?!

– Ma, nije dobro... Kažu da je N. V. umrla.

Spuštam slušalicu. Odjednom shvatam da je to „kažu" izgovoreno sa sumnjom (nikakve sumnje nije moglo biti, njoj su odmah rekli) – logički neodrživo, da je to eufemizam. Ona je odlučno izgovorila „umrla" – rođaci bi, verovatno, rekli „preminula" – ali je stavila tu reč u formulu glasine, nesvesno maskirajući njenu konačnost, pripremajući me možda trenutnom fikcijom sumnje.

Od telefonskog razgovora je počelo doživljavanje te smrti, nastavilo se zadušnicama, tuđim rođacima, iznurujućim nizom neobičnih radnji. Dominirala je svest da je to nemoguće shvatiti, a neophodno je da se shvati (u suprotnom će neki životni delovi ostati zauvek nepovezani) i da će jednog dana neminovno uslediti potreba za shvatanjem. U međuvremenu reagujemo na smrt na osnovu glasina, nemajući o njoj vlastito mišljenje.

Pored toga, sve se neprestano delilo na očiglednu i neverovatnu činjenicu nestanka i na ono što su tu ljudi radili sa tom činjenicom. U velikoj i praznoj mrtvačnici hirurškog odeljenja – telo pod čaršavom na visokom stolu, i kosa koja se spustila sve do poda (iz nekog razloga, niko nije znao da ona ima tako lepu kosu). Telo nije ulivalo strah niti izazivalo odbojnost, ali je za mene bilo nerazumljivo, a možda nerazumljivo – iako obično – i za onog lekara sa krvavim mrljama na mantilu, koji je prišao, neko vreme ćutke stajao i iznenada, odozdo pokupivši njenu kosu, ne znajući sam zašto, izvagao je rukom.

Ali telo je bilo razumljivo dvema starim ženama, koje su kasnije pažljivo i sigurno češljale kosu pokojnice, iako su se pod kosom na vratu već pomaljale plave i crvene mrlje truljenja. Te žene su prema životu i smrti imale dostojanstven odnos koji je iznad estetskog, zato što u njemu nema straha i preosetljivosti kojoj je potrebno da mrtvi prijatno mirišu, a živi pogotovo. Preosetljivost – to je neprijatelj svake zdrave misli, svake snage i čovečnosti na zemlji. Estetizam je isto tako neodrživ u odnosu prema smrti kao što je neodrživ u umetnosti. Sa ovim starim ženama u mrtvačnicu je stupio već svet ritualnosti.

Sve što je usledilo izgledalo mi je kao borba rituala sa nejasnim, još uvek prisutnim materijalnim postojanjem mrtvog tela i istovremeno sa nemogućom idejom nepostojanja onoga što je još maločas činilo to telo.

Sistem crkvenog sahranjivanja teži da bude sistem shvatanja. Ali za ateističku svest taj strani proces je izgledao kao proces istiskivanja mrtvaca, kao zamena primarne činjenice smrti nizom sve aprstraktnijih predstava.

Eto zašto je užasan i neobičan utisak koji ostavlja spominjanje imena u uopštenom tekstu opela. „Raba tvojega...“ Ime koje je zauvek istrgnuto iz mnoštva drugih fraza... I svaki put sa strahom osećamo približavanje imena koje probija lekovitu maglu svojom nepodnošljivom konkretnošću.

Svaka procedura sahranjivanja (neovisno od svojih osobenosti) krije u sebi konflikt između ritualne i materijalne prirode stvari. Ritual je teatralan – a teatralnost je simbolična. U pozorištu i hramu, gledalac ne treba da vidi predmete, već neka obeležja predmeta. Jedni predmeti poseduju samo sjaj, drugi – samo formu, a treći – samo miomiris.

Najteže je sa ljudima. Sveštenik za vreme službe percipira se kao struktura sastavljena od divno počešljane brade, odežde, glasa, koji izgovara ritualne reči, i nekakvog hipotetičkog raspoloženja koje odgovara tim rečima. Religiozna i estetska svest u jednakoj meri ne propuštaju u tu strukturu predstave o čovekovom organizmu, o čovekovim osećanjima (toplote, hladnoće, neudobnosti), o separatnim mislima, onima koje mogu biti odvojene od poretka molitvenog govora. Sve ovo spada u red stvarnih, ali irelevantnih činjenica, kao i to što sveštenik ispod mantije ima pantalone, a glumac ispod hamletovskog kamzola – košulju iz butika. O ovim irelevantnim činjenicama razmišljaju ljudi koji razmišljaju i o tome da se ispod ružičaste kože mladog lica u stvari nalazi lobanja i da i najobrazovaniji čovek ima creva.

9

To su ljudi sa naivnim odnosom prema svetu. Oni razobličavaju stvarnost. Razobličavaju ljubav bubuljicom na nosu voljene žene, razobličavaju smrt zadahom truljenja, književnost razobličavaju honorarima i štamparskim greškama. Oni počinju shvatati da su prevareni, da su upravo creva prava stvarnost, a mlada koža i jambovi – šarlatanstvo. Oni misle da je, ako želite dobiti prave usne, potrebno obrisati sa njih ruž, i da je prava glava – ona sa koje je skinut skalp. I tako kroz život lutaju ljudi sigurni u to, da guleći sa stvari kožu i kožicu dobijaju suštinu. Ne znam kako da nazovem takav način mišljenja. U svakom slučaju to je tip mišljenja koji je suprotan simboličkom.

Pogrebna procedura pokušava da pretvori nepodesno mrtvo telo u simbolički predmet, opremljen samo neophodnim osobinama, kao i svi drugi atributi sahrane. A mrtvo telo se svojom težinom, svojom inertnošću, svojim truljenjem protivi inerciji rituala, koja ga nastoji uvući u dobro usklađen sistem.

Sećam se gužve i ožalošćenih lica muškaraca; bilo je sasvim očigledno da se oni ne snalaze u svom odnosu prema predmetu kojim su se bavili. To je bio mrtvački kovčeg, ali takođe težak sanduk nezgodnog oblika, koji je trebalo dizati, spuštati, nositi.

Što je više materijalnih sredstava uloženo u proceduru, to je manje činjenica koje iskaču iz sistema. Takvi su na primer radnici, koji kopaju raku, sa njihovim jaknama, čizmama i glasovima. Ali to je pitanje režije; postoje grobnice. Grobni crvi, tragovi raspadanja na voljenom licu – sve što se vezalo za smrt čvrstom mrežom simboličkih asocijacija, čak i to može biti uklonjeno – balzamovanjem, kremacijom. Tako sistem, šireći se, uklanja materijalna obeležja smrti, jedno po jedno. Dok se ne zaustavi pred neuklonjivim, pred mišlju o nepostojanju.

Svako zna za karakterističnu pauzu koja nastaje na groblju u trenutku koji prethodi spuštanju kovčega.

Pravougaona raka je uredno pripremljena. Svi – nema nikoga ko bi gledao u stranu – sagnuvši glave, pažljivo gledaju u nju. Po boji i vlažnosti unutrašnjost jame odudara od zemlje na kojoj stoje gledaoci. Preko otvora su prebačene grede, na koje će se osloniti kovčeg. U tom trenutku nekakva besmislena tehnička zainteresovanost ovlada ljudima uprkos otporu svih drugih osećanja. Da li će sve proći glatko.

Oko nezakopane rake sve je tehničko – usitnjena zemlja, grede, lopate, blato na čizmama radnika i njihovo zdravo uzdisanje. Odmah pored nje, na susednom grobu, koji je isto tako nekad bio razrovana zemlja i otvorena rana, u obliku pažljivog, gusto zasađenog cveća, već cveta izgrađena simbolika.

Ispričala sam B. o osećanju tuposti i nerazumevanja koje me nije napuštalo u proleće 1928. godine.

– I sa mnom je bilo isto tako. To je zbog toga što nismo navikli. Evo, mama je navikla da gubi bliske ljude; kada sam joj rekla za smrt N. V., odmah je shvatila i počela plakati.

Posle otprilike sedam godina, opet smo razgovarale o smrti (tema ove pripovesti tada je već postala neizbežna).

Ja: – Nagon samoodržanja i strah od smrti – to je, naravno, uvek postojalo. Ali strah od smrti kao meru stvari, tako reći, kao ideologiju – to su u drugoj polovini devetnaestog veka izmislili usled egocentrizma. Ivan Iljič je stalno ponavljao silogizam: svi ljudi su smrtni; Kaj je čovek; znači, Kaj je smrtan. Ali to je Kaj, neki tamo Kaj, a ovo sam Ja, Ivan Iljič, Vanječka koji je imao prugastu loptu... Tolstoj je imao pravo da piše o tome. Kada mu se u Sevastopolju učinilo da nije dovoljno hrabar, počeo je izlaziti iz zaklona i određivao sebi koliko minuta da stoji pod vatrom... Sećaš li se priče o požaru na parobrodu? Turgenjev onako visok, sa visokim glasom, išao je od jednog do drugog i kršio ruke. I uvek je bez stida pisao o smrti. U pismi-

ma je manijakalno pisao o crnoj noći ili o crnoj jami
– više se ne sećam... koja samo čeka da proguta... A
šta ti o tome misliš?

– O čemu?

– O smrti.

– Ja o tome ne mislim.

– Kako? Pa čovek koji misli mora o tome da misli.

– Za sada mi je dovoljno to što je Kaj smrtan.

– Ali mogućnost življenja bez užasa ne bi smela
biti zasnovana samo na nepromišljenosti. Da to s vre-
mena na vreme pada na pamet – i zatim se zaboravlja
do idućeg puta. I tako do poslednjeg puta, koji će
možda zateći dušu kako urla od straha. I sa takvom
nepromišljenošću ljudi će ući u svoj najveći rat.

– To im neće zasmetati da hrabro umiru.

– Naravno. Ljudima nikad ništa ne smeta da umi-
ru. Ali smetaće im da žive. Od 1914. do 1918. svi su
dobro umirali. A oni koji su preživeli ispunili su za-
padni svet depresijom izgubljenog pokolenja... Ja sam
protiv toga, to treba predvideti, preispitati...

– Ali Kaj je bez obzira na sve – čovek...

– Uveravam te da ja uopšte nemam kompleks stra-
ha. I uopšte uzev, psiha mi je zdrava. Ali od tog reše-
nja, od ispravnosti tog rešenja, zavise pitanja života.

– Ne znam. Za mene postoje daleko važnija i pot-
puno samostalna pitanja. Na primer, pitanja socijalne
evolucije čoveka...

– Ali bez teorije smrti – ja lično računam ipak na
teoriju, primenljivu na život – kako ćeš odrediti smi-
sao rada, misli, ljubavi, državnog života...

– Ne znam. Ja sam navikao da počinjem od drugog
kraja... To je verovatno zato što si ti daleko individu-
alnija od mene.

– Da. Moraću početi odatle. Ali kasnije ću probati
da idem dalje.

* * *

Jedni izbegavaju razgovore o smrti, plašeći se da
ne oštete naivni mehanizam potiskivanja kojim su se
zaštitili. Drugi se stide te teme, koja isuviše izravno
vodi prema skrivenom sklopu malodušnosti, cinizma
i poniženja koji oni u sebi nose. Treći – oni najpodu-
zetniji – preziru tu temu poniklu, po njihovom mišlje-
nju, iz dokolice i straha.

I uopšte su ljudi u razgovorima o smrti oprezni i
lažljivi više nego ikada. Ali u čoveku će se gotovo
uvek nešto odazvati ako ga dodirnete takvim nadraži-
vačem. Zanimljivo je dodirnuti različite ljude istim
nadraživačem. Članak koji sam slučajno pročitala u
novinama o teoretski mogućem udvostručivanju duži-
ne ljudskog života, učinio mi se pogodnim za tako ne-
što.

Razgovor sa starom ženom, vedrom i maloduš-
nom:

– U novinama piše da će ljudi sada živeti sto osam-
deset godina.

– Ko to kaže?

– Rade se takvi eksperimenti...

– Ma, to su eksperimenti...

– Ali zašto, to je vrlo ozbiljno.

– I šta će raditi da bi to postigli?

– Pre svega je potrebna umerenost u hrani.

– A šta još?

– A zatim će izmisliti jedan način... Ali za sada ga
još nema...

– Način... Dobro, videćemo.

Godine pridaju temi praktičnu konkretnost. Pro-
porcionalno sa konkretnošću straha raste snaga poti-
skivanja. Ti ljudi nemaju složena, razvijena sredstva
za potiskivanje, kakvima raspolažu ljudi koji su aktiv-
ni. To je tužno i naivno potiskivanje, koje se svodi na

13

to da se ne prisećaju smrti, ne misle i ne govore o njoj. Ali odjednom se strašna misao prvi put pojavljuje u novom, olakšanom obliku koji obećava utehu. Ona pita, stideći se da oda ličnu zainteresovanost. Ali u pitanjima je – narastajuća žudnja, sumnja, unutrašnja primena na sebe. Bolje je ne precizirati dalje, da ne bi došlo do razočaranja... Tako se prekida razgovor.

Razgovor sa mladom ženom, sklonom rezonovanju.

Postoje ljudi za koje se ne bi reklo da su intelektualci, ali koji imaju iskrenu sklonost ka spoznajnim aktivnostima. Oni osećaju istinsko zadovoljstvo od intelektualnih procesa koji se odvijaju u njima; i zbog toga neprestano i, tako reći, stihijski primenjuju forme i postupke diskursivnog mišljenja – izriču sudove, ističu primedbe, argumentuju. Dovoljno je da je jedan od sabesednika rezoner da razgovor bude rezonerski.

... – Znači, vi biste hteli da živite sto osamdeset godina?

– I svi će toliko da žive? Onda će se u skladu sa tim sve promeniti... Ali u tom slučaju treba pomeriti starost... Ali biće smešno, ako naprave takav preparat a samo neki budu živeli dugo! A odakle im takva ideja?

– Čovek je po svojoj organizaciji blizak stvorenjima koja dugo žive, i bez potrebe umire mlad. Zatim, zna se da neki kavkaski narodi žive dugo.

– To je verovatno zbog planinskog vazduha. A koje to životinje dugo žive?

– Gavran jako dugo živi. Neke ribe...

– Pa to ne liči na čoveka.

– Slon...

– Ni to ne odgovara. Mada – nije obavezno da čovek takođe ima surlu. Možda je slična neka tamo struktura tkiva. I uopšte su verovatno, tkiva najvažnija. Ali šta će onda da bude na Zemlji ako ljudi počnu ta-

14

ko dugo živeti, znači da će im se i reproduktivni period udvostručiti...

– Ali vi lično, želeli biste da živite sto osamdeset godina? Meni se to čini pomalo dosadno.

– Pa mi svejedno nećemo živeti sto osamdeset godina.

– Zašto? Možda će stići da izmisle.

– Ne, sigurno će ih pumpati od malih nogu. Mi nećemo moći.

– Uzgred, tamo piše da je potrebna umerenost u hrani.

– Eto vidite – meni to ne odgovara.

Dovoljno je povući ih za lični odnos i odmah nestaje rezonerstvo, a ostaje samo zaštitni refleks. Kod intelektualaca su za potiskivanje prilagođeni ironija i nemarnost.

Postoji tip intelektualca koji ne govori ozbiljno o smrti, jer ne shvata, i nema šta da kaže u vezi sa njom; zato što potiskuje ideju smrti svim što mu dođe pod ruku – između ostalog šalom; zato što se istovremeno plaši da ode i probudi svoj strah.

Ulazi muž.

– Čujte. Baš razgovaramo... U *Izvestijama* piše da će uskoro ljudi živeti sto osamdeset godina.

Žena: – Vidim da je to na vas ostavilo neizbrisiv utisak.

– Da naravno.

Muž: – A šta je potrebno za to?

– Umerenost u hrani.

Muž: – A ja pomislio – ideološka čvrstina... Drugovi, ipak je odlučeno o filijali Puškinove izložbe. Izgleda da će je poveriti Ermitažu...

A on neće da govori o tome! Poznajem ga, on se plaši. Ali ljudi se posebno stide upravo tog fizičkog užasa, kao što se stide seksualne požude. O tome nije

15

uobičajeno da se govori naglas i nepristojno je ispoljavati interesovanje za produžetak života. Što je strah fiziologičniji, to ga pažljivije ljudi skrivaju. O strahu od uništenja radije govore hrabri ili hladni ljudi.

Uostalom, čovek je spreman da prizna da se boji smrti – uopšte, teoretski, filozofski. Ali nikako ne u svakom konkretnom, pojedinačnom slučaju. U svakom pojedinačnom slučaju on priznaje da se plaši prehlade, ili infekcije, ili lopova, ili pasa (to je već teže priznati), ili vlastodržaca – samo ne smrti.

Ako se čovek ne odlučuje da sedne na avion, on objašnjava:

– Svatate, to je kod mene neka potpuno iracionalna stvar. Ne radi se o opasnosti... Statistika pokazuje da je opasnije putovati železnicom.

Ako čovek odbija predlog da uskoči u tramvaj koji se kreće, on dodaje:

– Zaista, nemam ni najmanju želju da ostanem bez noge...

I niko neće reći jednostavno – plašim se... To se ne radi. To bi značilo odavanje straha od uništenja; otkrivanje poslednjeg, intimnog sloja samosvesti.

Lekar je rekao A:

– Pošaljite mi vaše rođake.

– Ja nemam rođake.

– U tom slučaju upozoravam vas lično: skratite radno vreme, jedite to i to, spavajte toliko i toliko itd., itd... – u suprotnom ćete umreti na proleće.

A. se naljutila i rekla:

– Još ću ja i vas nadživeti.

Otprilike dva meseca posle razgovora taj lekar je zaista umro. A ona njegovu dijagnozu nije rekla nikome.

16

Smrt – u ovom slučaju od tuberkuloze, za nju je sasvim konkretna tema, od koje ona nikada ne beži. Iako je veoma mlada, ona već pati od uobličene praznine, nihilističkog pogleda na svet. Kao i svi, i ona se plaši smrti, ali uloga potiskivanja u njenoj duševnoj svakodnevici je zanemariva. Uostalom, tamo gde se moralna opustošenost spaja sa ravnodušnošću prema osećajnim radostima života – tamo nema ni čime da se potiskuje. Ona pripada tipu ljudi koji su možda slabi, ali koji se najviše od svega plaše poniženja; takvi ljudi ne pristaju da budu utučeni i slabi do kraja. Nadmeno opserviranje tragičnih životnih istina oni pretpostavljaju svim zaštitnim smicalicama. Proces opserviranja ih teši. Njen nihilizam se hrani mišlju o smrti (pošto ćemo umreti – onda je tim pre svejedno); a bespredmetni kult hrabrosti nalazi podršku u nihilizmu, koji, kao i svi negativni načini mišljenja, nikada nije poricao da ljudi treba „spremno da idu tamo kuda ne mogu da ne idu...“ (Larošfuko). Uz pomoć te gole hrabrosti – koja nije utešno sredstvo, ali je prihvatljivo za filozofe i za decu – ona se upinje da savlada zadatak. Nedavno je umro čovek koji ju je voleo i kojeg je ona povredila. On je bio profesionalni motociklista, drugim rečima stalno se i dobrovoljno podvrgavao smrtnoj opasnosti. Ali od raka je umirao teško, sa strahom. Za letenje, za lov na tigrove i penjanje na glečere dovoljno je, možda, umeti ne misliti o kraju, ali za tuberkulozu i rak to uopšte ne važi. Umirao je dugo; A. ga je posećivala svaki dan; i zajedno sa fizičkom iscrpljenošću, povećavao se umor uma neprekidno zauzetog uvek novim pojedinostima nerešivog zadatka.

– Znate, čovek može da izvrši samoubistvo samo u početku. Čim sazna. Sigurna sam u to... Dok još ima psihologiju zdravog čoveka. Posle je kasno. Više to ni u kom slučaju neće učiniti. Tada mu svaka vrsta života odgovara.

– Pa da. Kad čovek sa „psihologijom zdravog čoveka" sazna da je smrtno bolestan, on vidi pred sobom patnju i kraj svega, svih svojih ciljeva i interesa. Kod bolesnog se, pak, formira poseban krug interesovanja. Negativnih po prirodi, ali duboko opsesivnih. Zašto žive oboleli od raka?... Zašto žive robijaši?... Zato što robijaš ima cilj – da se sit najede ili odmori neplaniranih pola sata. Čovek, verovatno, može da izdrži sve, osim nepostojanja ciljeva.

– Recite mi, šta ovo znači? On se žalio na nešto. Ja sam mu rekla – „jadan čovek"... A on će na to: „Bio sam jadan! Sada se više ničemu ne nadam..." I zaćuta. Recite mi, da li je moguće da se čovek muči samo dok se nada?... Ne mogu da shvatim je li to moguće.

– Verovatno. Naime, tako inače biva sa drugim stvarima – ljubavlju, poslom. Znači da i sa smrću može biti tako...

– Oni nastavljaju da ga lažno uveravaju, i to je, izgleda, pogrešno. Bila je tamo neka brbljiva dama. Ona je sve vreme govorila sa njim o budućnosti – o tome gde će se oni sresti. Ona je toliko govorila o tome da je bilo jasno da je to namerno, i on se nervirao. Samo majka ima pravo da ga lažno uverava, zato što sama u nešto veruje, i zato ga to ne nervira. Zar ne mislite da sa čovekom koji umire treba govoriti upravo o tome?

– Moguće. Uzgred, nekada nije bilo dozvoljeno skrivati od čoveka da umire; on je morao da izvrši religiozne procedure. Imovina, porodica, takođe su obavezivali, čekala se poslednja volja. Kod nas se na primer pisalo kako je zlotvor Arendt, kome je Nikolaj naredio da usmrti Puškina, namerno govorio Puškinu da je njegovo stanje beznadežno. Zamislite – skrivati od Puškina, Puškina koji izlazi na dvoboj, skrivati da umire... Najstrašnije je to što mi podrazumevamo slabljenje karaktera i fizički užas pred smrću.

– E, dakle – kao što su nekad slali sveštenika – umirućem treba slati predavača da mu govori o divnom snu materije...

– Šta?!

– O snu materije. Predavač će pričati o tome kako neće biti ničeg...

– Kakve to besmislice govorite, dete!

– Zašto besmislice? Vama se to u stvari intimno dopada.

– Da. Meni se uopšte uzev dopada hrabrost. Ne zato što je ja imam mnogo... Nego zato – što se bojim straha.

– Razmislite – šta mi svi radimo. Mi umirućeg ostavljamo samog. Niko sa njim ne govori o tome. A on o tome misli.

– Da, da. On samo o tome i misli. Na primer, noću...

– Niko mu ne pomaže. Njega je sramota da govori o smrti. A on oseća da se plaši i da se svi oko njega plaše. I zato je on do kraja sam.

U ovom delu razgovora ja izlažem teoriju udvostručene dužine života.

– Kako to? Ko to? I mi ćemo živeti sto osamdeset godina?

– To je neizvesno. Možda ćemo i mi.

– Kakav užas! A šta je za to potrebno činiti?

U ovom uzvično-upitnom sklopu sadržani su – odbrambena potcenjivačka afektacija i naivno interesovanje.

– To treba da se pronađe. Uglavnom, čovek po prirodi stvari treba da živi dva puta duže, ali valjda zbog velike inteligencije, umire mlad.

– A, znači sigurno će vaditi mozak; i čovek će živeti sto pedeset godina u stanju idiotizma.

19

– Recite vi meni bolje – da li biste vi želeli da živite još jedno sto šezdeset godina?

– Na šta bi to ličilo? I ovako je mučno gledati starca, onako smežuranog...

To je karakteristično za nihilističku svest – gnušanje nad starošću, kao i uopšte nad tegobama i poremećajima organskog životnog procesa (na primer, nad trudnoćom).

– Ali ne, on će tada kasnije stariti.

– To je druga stvar. Onda je to zanimljivo.

– Zar vam se ne čini da je ipak dosadno tako dugo...

– Ne. Onda bi se nekoliko puta moglo sve menjati.

– Zašto?

– Ja bih, na primer, onda ponovo pokušala slikati. Zatim nešto drugo. Ali pošto ostaje još nekih trideset godina – svejedno nema svrhe. Ne, onda bi ipak moglo da se proba...

– Ali to ne rešava pitanje...

– Ne. Pitanje smrti svako mora da reši za sebe.

– Bolje je ako postoji rešenje za sve. U svakom slučaju potrebno je imati odnos prema tome.

– Ne. Svejedno se ništa ne može smisliti unapred...

– Neophodno je...

– Ne. Svejedno, šta god vi smislite – ispostaviće se kao netačno. Kada se razboliš – onda treba misliti...

– Onda je kasno. Ali kako rešiti to za sebe samog?

– Ne znam. Tako da se bude miran u odnosu na to. Vi se ne plašite da spavate. Dok spavamo – isto tako nas nema. Najvažnije je ne plašiti se uništenja.

– Kako čovek da se ne plaši uništenja?

– Kada umre mnogo bliskih ljudi – više nije tako strašno. Strašno je dok se ne vidi smrt. A onda postaje jasno. Jednostavno, svi postepeno prelaze... Znate, meni je posle mamine smrti neko vreme bilo drago da čujem kako je umro neki poznanik. Ne iz pakosti, to

20

me je, jednostavno, smirivalo. Smirivala me je raširenost činjenice smrti.

Eto kako ta loše zaštićena čovekova svest – ne shvatajući i ne potiskujući – pokušava da savlada zagonetku pomoću svoje poludečije hrabrosti.

Na novine sa člankom profesora Londona o produženju ljudskog veka naišla sam u frizerskom salonu. Po njemu ispada da čovek ne umire pravovremeno i da samo zato umire tako nerado. Nauka će sve to dovesti u red. I tada će smrt postati potreba, kao san.

Možda bi trebalo ponovo pročitati Mečnikova? Mečnikov je shvatao da produživanje života (delimično pomoću kiselog mleka) samo po sebi ne rešava ništa. I izmislio je svoju optimističku teoriju pesimističke mladosti, optimističke starosti i smrti u skladu sa željom.

Postoje naivno-utešne misli, poput sledeće; dok ja ostarim, biće izmišljen način da se život produži... Ali kada se tajna noćna fantazija pretvori u medicinski projekt, to izgleda sasvim drugačije, i iz nekog razloga daleko manje utešno.

Stepenište frizerskog salona izlazi na Nevski; zastajem pred vratima. Dan je još uvek bez opipljivih znakova proleća, ali nebo je lako i sunčano, i trotoari su prijatno i neočekivano za april – suvi. Po Nevskom prospektu se polako, jedna drugoj u susret, kreću dve neskladne, zbijene aprilske gomile – ljudi u raskopčanim bundama, ljudi u kabanicama, ljudi bez kapa ili samo u sakou. Sa životnim limitom od osamdeset godina, u takvim slučajevima se obično misli: i svega ovoga će biti, a mene neće biti... Uz zamišljeni udvostručeni limit odjednom se pojavi sumnja – ima li svrhe gledati to još sto dvadeset ili sto četrdeset godina.

I mada tako stičemo ogromnu rezervu vremena u budućnosti, mada stičemo pravo da odložimo pitanje... Svejedno, današnji čovek nije u stanju da savlada tu novu meru. Verovatno su za normalno proživljavanje života potrebni užurbanost, pohlepa za vremenom i žaljenje za prošlošću. U okvirima stoosamdesetgodišnjeg života osećanje nesigurnosti bi se obnovilo na drugi način, pošto ono, naravno, ne zavisi od datuma, već od odnosa između datuma. I tada će se činiti da čovek za sto osamdeset godina svejedno ništa ne može da stigne, ali kada bi poživeo trista!...

I čitav taj lanac predstava izazvanih člankom u novinama potvrđivao je neodlučnu misao o strahu od besmrtnosti, koji se nadmeće sa strahom od smrti (o dubinskoj težnji ka smrti pisao je Frojd). Religiozne predstave o besmrtnosti su premeštale čoveka u drugu modalnost, nedokučivu za smrtni um. I samo je taj premeštaj mogao učiniti misao o večnosti podnošljivom. Uostalom, Haklberi Fin, koji svojim pozitivnim umom nije mogao shvatiti novu modalnost, govorio je da ne želi da dospe u raj, pošto nema ničeg dosadnijeg od večitog šetanja u beloj odeći i sviranja pri tome na harfi.

A misao o večitom, ili čak beskrajno dugom postojanju u zemaljskim uslovima, ako je dobro sagledano – nepodnošljiva je. To je Sviftov košmar o odvratnim besmrtnim struldbruzima. „Čitalac će poverovati – kaže Svift – da se posle svega što sam čuo i video moja vatrena želja da budem besmrtan prilično ohladila".

Jedna od trajnih protivrečnosti individualističke svesti jeste u tome da se ona ne može pomiriti sa svojom prolaznošću i ne može želeti zemaljsku besmrtnost. „Smrt je strašna, ali još strašnija bi bila svest o tome da ćeš živeti večito i da nikada nećeš umreti" – pisao je Čehov Mereškovskom.

Svest o prirodnoj smrtnosti je jedna od glavnih pretpostavki naše psihičke organizacije – o tome su pisali filozofi, od Getea do Maksa Šelera. Čovek je zaobilazi kada može, i istovremeno polazi od nje, kao što polazi od toga da ima dve noge, a ne četiri, od toga da se kreće po zemlji, a ne leti... I zato misao o smrti za običnog čoveka ne može biti potpuno nepodnošljiva; ona je postajala nepodnošljiva samo za pojedine ljude koji uporno i strastveno razmišljaju.

Čovek se sa sopstvenom prolaznošću ne sreće samo na kraju već i na samom početku svog svesnog postojanja, upravo kao sa stvarnom činjenicom kojoj treba prilagoditi sve ostalo.

Osećanje prolaznosti nam daruje stvaralačko nestrpljenje. Na njemu se zasnivaju kategorije tragičnog i lirskog. Ono je postalo forma naše ljubavi i mera našeg vremena. Ono određuje pojmove – zaljubljeni, junak, pesnik, tragač za neotkrivenim istinama.

Čovečanstvo je tokom milenijuma svest o zemaljskoj kratkotrajnosti ublažavalo verom u onostranu besmrtnost. Iskustvo je, međutim, pokazalo da i oni koji su lišeni te vere žive i delaju, dakle, psihički se prilagođavaju svojoj prolaznosti.

Ali za ateiste ne postoje metafizički nesumnjiva rešenja. Postoje socijalne norme, a povrh toga, svako se snalazi kako ume. A pošto su ljudi prilično slični jedni drugima, individualna rešenja, u suštini, postaju tipska.

Ovde, u novom obliku stupa na snagu staro racionalističko učenje o dominantnoj duševnoj sposobnosti. Ona postaje dominantni oblik doživljavanja vrednosti.

Ljudi sa velikom životnom energijom, ljudi kod kojih dominira želja da utiču na svet poseduju izvanredna sredstva za potiskivanje misli o smrti. To je jedan od oblika hrabrosti. U trenutku smrtne opasnosti čoveka uopšte ne određuje njegov pogled na svet. Veliki individualisti XIX veka, koji su u svom stvaralaštvu izrazili filozofski užas od uništenja ličnosti, hladnokrvno su učestvovali u dvobojima, bili hrabri oficiri, tragaoci za jakim uzbuđenjima. Odnos prema opasnosti ne određuje filozofija, već socijalne navike čoveka, njegova sklonost ka ljutnji, hazardu ili, naprotiv, njegova sklonost ka prisili nad sobom, njegova taština, zainteresovanost za tehničku stranu procesa; i još mnoštvo okolnosti koje je nemoguće predvideti. Upravo ljudi koji su ravnodušni prema životu bivaju plašljivi – baš zbog mlitavosti impulsa, zbog nedostatka utisaka koji odvlače pažnju i vrše potiskivanje.

Odlučan čovek – bez obzira da li je u pitanju avanturista ili entuzijasta – okrenut je prema nekom objektu koji gradi u predmetnoj stvarnosti, makar to bio i njegov sopstveni uspeh. Taj objekt, koji čovek od akcije naziva svojim ciljem, nezadrživo ga privlači. Ako je cilj ostvariv samo po cenu smrtne opasnosti, on pristaje na smrtnu opasnost, koristi je kao krajnje sredstvo širenja svoje volje i snage. I u tom slučaju patnja, smrt, više nisu nasilje nad dušom, tragedija sudbine, nego najviši oblik realizacije.

> *Sve, sve što smrću preti,*
> *To za smrtno srce krije*
> *Neizrecivi užitak,*
> *I, možda, besmrtnosti zalog...*

Napoleon je gradio svoje divovsko JA, kome je svet trebalo da služi kao podnožje. Ali bilo koji metak na Arkolskom mostu je mogao uništiti Napoleona. I – zar je Arkolski most bio besmislica? Ne – on je bio uslov igre.

Čovek volje i akcije prihvata smrt kao uslov i kao smetnju, uklanja je iz svesti.

Za pasivne i senzualne ljude život je iscepkan na mnoštvo nepovezanih impulsa i nezavisnih zadovoljstava. Misao o raspadanju organizma, o krckanju kostiju na točku smrti izaziva kod njih napade slepog užasa, sa čijom fizičkom napetošću se nikada ne može porediti protest zbog uništenja duše.

Rozanov je bio senzualan čovek sa seksualno obojenom percepcijom sveta. On je mrzeo smrt i pisao je o tome bez ikakve kamuflaže: „Ja se smrti bojim, smrt ne želim, smrti se užasavam" *(Opalo lišće).* Stvaraocima i častoljubivim ljudima potreban je napredak i uvećavanje; zaustavljanje na postignutom je za njih jednako degradaciji. Ali žudnja i zadovoljstva senzualnog čoveka su nepresušni; oni se neprestano obnavljaju na ranijoj osnovi. Nemaština, starost, bolest, menjaju obim, ali ne i kvalitet žudnje.

Boris Mihajlovič Engelgart je pričao o smrti stare rođake.

– Strašno je tako umirati. Nikada nisam video čoveka koji bi tako snažno, tako fizički voleo život. Ona se ludački plašila smrti. Poslednje godine, zbog bolesti, sve joj je bilo uskraćeno – niti da se najede, niti da popije nešto, čak ni da se nasmeje. Ali kako je jela onaj dozvoljeni komadić osušene ribe...

Pa ona je, čini mi se, verovala u Boga. Zar joj to nije pomagalo?

– Znate, primetio sam da ljudi koji ne veruju u Boga i koji nikada nisu verovali precenjuju značaj vere. Nije to baš tako sigurno sredstvo protiv straha. Kada bi vera zaista uklanjala strah od smrti – zar mislite da bi moglo doći do sveopšteg kraha religiozne svesti? Njoj to, u svakom slučaju, nije pomagalo. Da nedeljom u vikendici obuče belu bluzu, zapodene ozbiljan razgovor sa nekim staricama u crkvi... To joj je pričinjavalo zadovoljstvo. I to kakvo zadovoljstvo! O zadovoljstvima tog intenziteta mi nemamo pojma. Ali Bog sa tim nije imao veze. Ja nikada nisam video *Jevanđelje* u njenim rukama. Ali je zato *Izvestija* za vreme bolesti čitala od uvodnika do oglasa.

25

Činjenica smrti je, uopšte uzev, nedostupna iskustvu; otud se ljudi plaše raznovrsnih pojava koje je prate. Plaše se straha, predsmrtnih muka, rastanka sa bližnjima, ili pokojnika...

Pažnja nesvesnih hedonista je usmerena na agoniju, na krckanje kostiju. Oni zahtevaju od smrti da ih ona nekako prevari. Recimo, čovek namerava da zamoli šolju čaja, otvori usta i – umre! To je smrt u lakom obliku. Vrhunac želja za običnog hedonistu.

A najbolje od svega, za šta je sposoban filozofski hedonizam – to je pokoravanje poslednjoj neminovnosti.

Iznenađivalo me je sa kakvim zanosom Iks – hrabar, ali mlitav i pasivan čovek – govori o ratu. I to sa neočekivanom za skeptičnog intelektualca mladalačkom, patetičnom obojenošću: „Zašto* čekati starost, polagano truljenje? Šta može biti lepše od smrti u bici?"

Nešto se tu nije uklapalo. Jednom drugom prilikom, u sasvim drugačijem razgovoru neočekivano se ispostavlja da se taj čovek užasno boji smrti. Plaši je se sujeverno, fantastično. Njega, na primer, proganja misao o tome da je smrt nešto poput letargičnog sna, u kojem se svest ne gubi potpuno...

Taj strah se ne hrani nezasitnom životnom energijom, nesenzualnom žilavošću, već pre histeričnom maštom emotivnog čoveka. Naslednja sujeverja su pojačana povredama duše koja je od detinjstva izložena utiscima nasilne smrti. Iks je u mladosti tri puta pokušavao samoubistvo (verovatno ne baš ozbiljno) i povratak u život mu je svakog puta pričinjavao izrazito zadovoljstvo, neuporedivo ni sa kakvim drugim radostima postojanja. Ali osveženje osećanja života izazvano samoubistvom nije dugo trajalo.

Zamislite strah uobličen sujeverjem, maštom... U središtu svesti nije toliko smrt kao takva, koliko njene propratne pojave, njena emotivna pozadina. Noć, sa-

moća, predsmrtne misli, miris lekova, poslednje guše-
nje, šumovi smrti, njeno šuštanje... I tu se pojavljuje
san – smrt u bici! Ne tiha, već gromoglasna, ne prita-
jena, već iznenadna smrt u akciji, smrt pred ljudima,
po danu...

Tako se svest koja percipira svet kroz prizmu ma-
šte i osećanja prilagođava sopstvenoj smrtnosti. A ka-
ko da se prilagode oni koji su opsednuti izrazitom že-
ljom za saznanjem?

Ravnodušnost prema objektima neposrednog volj-
nog delovanja lišava intelektualnog čoveka moćnih
načina potiskivanja. Ali oni upravo kao intelektualci
treba da ispituju tužne istine. Međutim, imaju jednu
prednost: kod njih je oslabljena ona organska, fizička
privrženost životu, u kojoj se krije ferment smrtnog
užasa.

Ne stvari, nego koncepcije stvari – tako se otkriva
zakonitost konačnosti, iscrpljivosti svakog individu-
alnog shvatanja. I ne beskonačnost svemira, niti ra-
znolikost pojava koje se uvek iznova pojavljuju pred
tom ispitujućom mišlju – nego samo mogućnosti te
misli. A svaka lična misao ima granicu, pred kojom
treba da se zaustavi. Da li intelektualac želi da njego-
va iscrpljena misao večito kruži?

– Oni bi mogli da učine dobro delo – iznenada ka-
že vesela, egoistična žena koja voli komfor – i još da
dobiju besplatno sobu kada bi me otrovali.

– Kako to?

– Užasno mi je dosadilo da živim.

– Pa vi ste pre dva dana govorili da vam se nikako
ne umire.

– Pa, da, strah me je da umrem, ali kada bih jedno-
stavno prestala da postojim...

Intelektualni ljudi se plaše nepostojanja; senzualni
se plaše umiranja.

Mi upravo ne želimo da prestanemo postojati, to jest shvatati. Ali ne bismo pristali ni da postanemo neka vrsta besmrtnih Struldbruga, koji večito shvataju jedno te isto. Recimo da dobijemo još toliko i toliko godina radi saznanja svega što još može da se sazna. Na kraju ostaje velika zasićenost i umor. To nije umor od beskorisnog zadovoljstva, od zanimljivog posla, koji vremenu pridaje neprimetnost i rađa pustu želju da vratimo i ispravimo sve što je vreme progutalo – nego umor od usporenog i pretrpanog vremena koje se detaljno odražava u svesti; umor od toga što su dani bili dugi.

Staro manastirsko groblje pretvoreno je u muzej-nekropolu. Mali prostor starog groblja su počistili, oslobodili ga, po mišljenju administracije, od suvišnih pokojnika. Ponekog su doneli sa zajedničkog groblja. Pored ulaza su na dva mesta obešene table sa pravilima: zabranjena je vožnja biciklom po stazicama, upotreba alkoholnih pića, sviranje na muzičkim instrumentima, ulazak licima u pijanom stanju; takođe je zabranjeno pisati po nadgrobnim spomenicima. Sa desne strane stoje kvalitetni spomenici ruskih kompozitora sa bistama i bareljefima pokojnika. Kragne, reveri na redengotima, bradata lica intelektualaca druge polovine XIX veka, glomazne alegorije iste epohe. Veliki anđeli na grobu Čajkovskog. S leve strane na spisateljskoj stazi tu i tamo sreće se ampir – Gnjedič sa polustubom, Deljvig sa figuricom koja tuguje nad urnom. U sredini nekropole crna kamena Komisarževska stoji u izveštačenoj pozi. Nema ničeg što toliko urla o prolaznosti i nestanku, kao što to čini telesni lik čoveka na njegovom grobu. Ostavljeni su samo dobro očuvani spomenici. Prostor između njih je raščišćen i u prolazima su tu i tamo na štapićima zabodene jednake crne tablice sa belim natpisima, poput onih koje se koriste u botaničkim baštama. Natpisi su sastavljeni kao pomoć turističkom vodiču: „Taj i taj (godine) – pokrovitelj 'velike petorice', „K. Danzas (godine) – Puškinov prijatelj, školski drug i sekundant".

Ali šta je zapravo eksponat ovog muzeja – monument ili ime, ili glatka površina, na kojoj piše da se tu pretvarao u prah taj i taj čovek (istorijski)? Na to vam ovde niko neće odgovoriti. Zato što je sve što je ovde urađeno, urađeno usled ogromnog, početnog neshvatanja smrti – tako završenog, da je ono poremetilo profesionalne navike poštenog muzejskog radnika. On dobro zna da se u svakom muzeju izlaže stvar, a ako se umesto stvari ostavi samo natpis, posetilac će se naljutiti. Ali ovde onaj isti posetilac, koji ne vozi bicikl po stazama i ne svira na muzičkim instrumentima, popunjava svoj kulturni prtljag time što neko vreme stoji pred glatkom površinom sa Danzasovim prezimenom.

U svemu ovome nema nikakvog cinizma. Inerciona predstava o uzvišenosti smrti jednostavno se pomešala sa hijerarhijsko-birokratsko-kulturno-prosvetiteljskom sigurnošću u to da neistorijske pokojnike možemo izbaciti, a istorijske, skupivši ih po mogućnosti na jedno mesto, pretvoriti u izložbeni objekt, krajnje nejasan po svom predmetnom sadržaju. Neshvatanje nepostojanja, oslobođeno od ritualnih oblika, burno se otelo na slobodu.

Tradicionalno-ritualni oblici su zastupljeni odmah pored, na velikom manastirskom groblju. Rečica deli demokratsku drugu obalu od visokog zemljišta koje prianja uz crkvu. Taj deo groblja uglavnom zauzimaju ugledni pokojnici iz druge polovine XIX veka. Tu su sve građevine glomazne; neke su izrađene jeftino, i u njima se potpuno ispoljio neukus epohe. Zato što se od mermera i granita nikada ne može praviti kao od lima i cigle. Postoje grobnice-kavezi (čak i žičani); grobnice-nadstrešnice na tramvajskoj stanici (čak sa olucima); česte su grobnice-kiosci za prodaju sladoleda i mineralne vode. Stakla su razbijena, kostur potamneo, usled čega se još nemilosrdnije ističu limeni ukrasi i krstići sa uvijenim u spiralu kracima.

### Jeftinog dleta nezgrapne ideje...

Čovek zahteva da stvari sa simboličkom namenom imaju unutrašnju sličnost sa određenim idealnim predstavama. Ne liči svako mesto na kojem su sahranjeni mrtvi na groblje. Dešava se da ono liči na ogromno skladište pogrebnih ukrasa ili na čudno naselje od nadgrobnih kioska.

Sve je to samovolja, individualni prilaz suprotan duhu izjednačavajuće i monotone smrti. Samo stabilna apstraktna simbolika odgovara organskom osećanju smrti. To ne mora biti kultna simbolika. Granitna obloga grobova na Marsovom polju – simboliše misao o građanskoj službi i revolucionarnoj žrtvi – kao što krst simboliše misao o iskupljenju i večnosti.

Dole na skromnoj drugoj obali – beli, posiveli, ponekad plavi, ponekad metalni krstovi – formiraju jednostavan, postojan i uopšten motiv smrti. Tradicionalna simbolika čuva ga od apsurdnosti ličnog ukusa. U kojoj meri je ta simbolika realna?... Za mnoge od onih koji su za poslednjih pola veka sahranjivali ovde svoje bližnje krst je bio znak razmišljanja i tuge... Ali za koliko njih je on zaista bio garancija besmrtnosti?... Eno, na beli krst je obešena zastakljena košarica; unutra je smežurani venčić, ikonica, fotografija koja prikazuje brkatog starijeg čoveka u kovčegu i ženu koja plače za njim; tu je i komad kartona sa natpisom: „Mom voljenom, nezaboravljenom mužu Feđuši od žene Tanjuše". Šta li je Tanjuša mislila, vešajući ikonicu iznad fotografije? Da li je zaista verovala u vaskrsenje i susret?

Za ateističku svest je na teritoriji manastira odvojen poseban deo – sa druge strane, nasuprot glavnog ulaza u manastir. To groblje, na kome su unapred uklonjene iluzije o zagrobnom životu, poprimilo je usled nespretnosti organizatora crte nekakvog simboličkog nihilizma, u suštini potpuno nepotrebnog. Ograđen je pravougaoni deo dvorišta, ravnog, sa retkom travom koja se kao u inat naslanja na prolazni drum.

Na tom skučenom prostoru predmeti su neobično zbijeni. Tu su postolja sa mamorijalnim pločama, propeleri na grobovima pilota, jedna veoma zastrašujuća statua – ne zna se čija – od gipsa sa pozlaćenim licem i rukama. Ali glavni motiv je drvena piramidica sa zvezdom na vrhu. Piramidice su ofarbane u optimističke boje – crvenu, ponekad zelenu. Ovde nema puno lične samovolje; ograničenost sredstava formirala je standard ili nekoliko standarda. Svaki grob reda radi teži da se ogradi od susednih. Skoro svi imaju ogradice – takođe crvene ili zelene – ređe, žičane kaveze. Mada, naišla sam i na grob ograđen bodljikavom žicom.

Pokušajte sagledati sve to odjednom, sa strane. Zbijene ogradice, piramidice, mreže, u grupama se izdižu propeleri. Čudan utisak ostavljaju predmeti koji se nalaze u takvoj blizini i ne stupaju međusobno u strukturnu povezanost...

Postoje ljudi potpuno ravnodušni prema svakom ritualu, prema svim procedurama kojima može biti podvrgnuto mrtvo telo koje se za njih ne podudara sa izgubljenim voljenim čovekom. Oni bi, čini se, mogli da sahrane svog mrtvaca ovde – jednako kao i na bilo kom drugom, predviđenom za tako nešto, mestu.

Ali ja vidim nešto drugo. Na tom golom, prašnjavom, pretrpanom delu dvorišta ne primećuje se ni tračak ravnodušnosti. Ovde, na tom delu jasno izraženog odricanja od besmrtnosti duše, dešava se isto ono što i među drvećem i pticama, cvećem i krstovima starog groblja.

Pogledajte te sveže obojene ogradice, veštačke cvetove zabodene u sivu travicu, zastakljene vence i fotografije. Ljubav i očajanje bore se do kraja sa mišlju o totalnom nestanku voljenog čoveka, sa činjenicom da se više ništa ne može uraditi za njega i ne može stupiti u vezu sa njim. Neuništivi alogizam ateističkog uma upravo se sastoji u tom održavanju veze sa mrtvim i pružanju mu usluga.

Grob dvojice pilota koji su zajedno poginuli u havariji. Fotografija lepog čoveka u mornarskoj uniformi i natpis na traci skinutoj sa venca: „Dragom Šuročki od žene". Ona ne veruje u vaskrsenje i susret – ali njene reči su iste kao i reči žene sa starog groblja, koja je iznad fotografije mrtvog Feđuše obesila ikonicu.

I crkveni i svetovni rituali uvek operišu nekim čovekovim postojanjem, i što je manje rituala, lakše je poverovati u nestanak.

Kada je umro M. M., kućnoj pomoćnici je rečeno da će biti svetovna sahrana, na šta se ona zgranula:

– I šta to znači, jednostavno će ga zatrpati kao životinju?...

Nju nije uvredilo to što mi ne verujemo u Boga – ne veruje, zapravo, ni ona sama – već što joj se to učinilo kao nihilistička otvorenost procedure.

Desni ugao groblja zauzimaju počasni, skupi grobovi koji se zbog toga približavaju običnom tipu. Na crnom mramoru ugravirane su reči: „Čovek koji umire individualno, somatski, ne umire u društvenom smislu. Prelivajući se svojim ponašanjem, delima i stvaralaštvom u živo društveno okruženje, on nastavlja

svoj život u onima koji ostaju živi, ako je bio živ za života i nije bio mrtav. Živ kolektiv vaskrsava mrtve."
Potpis – N. J. Mar. To je njegov grob, njegova izreka. To je dakle formula prevladavanja smrti, koju pozitivizam predlaže na sopstvenoj nadgrobnoj ploči...

Nije reč o tome koliko je utešna i poželjna socijalna besmrtnost, niti o tome koliko je ideja o njoj filozofski potkrepljena (po svoj prilici je loše potkrepljena) – nego o tome da je besmrtnost neosporna kao neobjašnjiv i neophodan preduslov socijalnog života, kao ono što omogućava čoveku da se bori, stvara, podiže decu, sastavlja testament i da sahranjujući svoje ispisuje na grobu njihova imena.

Naša svest čuva istoriju i kulturu nestalih pokolenja, i usled neodoljivih analogija mi zamišljamo sebe u tuđim svestima, u beskrajnoj vezi ljudi, stvari i postupaka, u predmetnoj stvarnosti koja nam vraća naš sopstveni lik.

Ali istovremeno, individualistički čovek se suprostavlja. On je obuzet suprotnim, obrnutim kretanjem misli. Slušajući govor pored iskopane rake, on misli: ali njega ipak nema, nema ga uopšte... Čak kada se u razgovoru spominje pokojnikovo ime i prezime, čoveku postaje čudno da može postojati ime bez čoveka.

Postoji osećanje gnušanja prema posmrtnoj slavi. To je osećanje promašenih ljudi. Čovek je izmoren, izmučen; sa teskobom misli o tome kako će ga potomci jednog dana izvući na videlo (potomci izvlače sve moguće, čak i Oresta Somova) i slagaće njegove dane po delovima pod neprirodno oštrim svetlom istorije. I vreća ga buduća, tada već nepotrebna čoveku, restauracija njegovog hladnog, mračnog, užurbanog života. Bilo bi prijatnije ukinuti se potpuno, sa svim onim od čega se sastoji postojanje. Izmoreni, promašeni čovek se buni protiv prinudne besmrtnosti koja nikome ne pripada. Njemu se čini da je to zbog ravnodušnosti

33

prema onome što će biti posle njega, a u stvari, to je zbog zainteresovanosti... I ono što će biti ima snagu da ga uzbuđuje i podsmeva mu se.

– Evo, ja ću kao skeptik umreti – narašće trava, i zar nije svejedno šta će biti sa mojim telom, sa mojim sveskama, sa onima koje sam voleo...

Ne, ispostavlja se da jedan skeptik želi da ga zakopaju, drugi da ga spale; svi skeptici žele da ono što su oni uradili jednog dana stigne do ljudi, da onima koje su voleli bude dobro i bez njih.

Želja za ostvarenjem i ideja istorijske objektivnosti čoveka hrane jedna drugu. Duh skeptika i egoiste je ozlojeđen; on bi pretpostavio ništavilo dvosmislenosti tih iluzija. Čitajući u novinama vest o smrti, on sleže ramenima: zašto apsolutno nepostojanje ima ime i prezime? Na kojim osnovama se nešto čega nema naziva doktorom nauka ili inženjerom?...

Iznerviran, uzima pero da zapiše tu misao u svoju svesku.

Jadni skeptik – upao je u narednu protivrečnost sa stvarnošću! Zapisao je svoju misao – drugim rečima, zauvek ju je prepustio spoljnom svetu koji ga nadživljava.

U predindividualistička vremena ljudi su naravno osećali strah od smrti, ali gubljenje glave nije bilo konstituisano kao princip. Naprotiv, principijelno je bilo shvatanje smrti uključene u sistem religioznih, filozofskih ili socijalnih predstava – nezavisno od toga da li je bila reč o ličnoj besmrtnosti, panteizmu, metempsihozi, kultu predaka, apsolutnoj ideji roda ili države ili nesumnjivosti zahteva časti. Neki od tih sistema su negirali uništenje pojedinačne svesti; drugi su negirali samu pojedinačnu svest, kao beznačajnu u poređenju sa apsolutom Boga, svemira, države, roda. Tako je smatrao Istok, koji je u tim pitanjima dosegao vrhunac. Hrišćanski Zapad je zajedno sa vrednošću svake pojedine duše – otkrio principijelni strah od smrti: dakle, nije posredi instinkt, refleks, predsmrtni grč tela, nego svesni protest protiv uništenja neponovljivog čoveka.

Individualizam se razvijao, i zajedno sa njim razvijalo se neshvatanje činjenice da ću ja umreti ako je Kaj smrtan. Ono se razvijalo, dok nije postalo fiks--ideja druge polovine XIX veka – tlapnja Kirilova, koji se ubio da se ne bi plašio smrti; misao Tolstoja, koji je zbog neshvatanja namerno stajao pod topovskom paljbom u Sevastopoljskoj bici, koji se zbog neshvatanja želeo obesiti, i iz istog razloga stvorio svog Boga. U XX veku sve to je krunisano *Životom čoveka* Leonida Andrejeva, Meterlinkom, sa njegovim šumovima i šušnjevima.

A mi smo, pak, deca vremena koje je sklono da negira ne samo apsolute klasičnog idealizma, ne samo besmrtnu dušu pozitivnih religija, nego i samodostatnu dušu individualista koju je besmrtnost nepravedno zaobišla.

Temu smrti smo nasledili od ljudi koji su govorili: kakve veze ima to što je Kaj smrtan i što je Kaj čovek – pa ja uopšte ne ličim na Kaja. To nasledstvo smo verovatno dobili zato da bismo obnovili stari, surovi silogizam.

Šta ostaje izvan granica razumevanja? Spontana hrabrost koja ne razmišlja (vrlo važno i značajno načelo društvenog ponašanja) i na drugom psihološkom kraju – besmisleni užas ili hladno mirenje skeptika sa besmislenom neminovnošću. Ali sa skeptičkom pokornošću je teško socijalno živeti, a sa dugotrajnim strahom je potpuno nemoguće. I čovek koji ne razume – da bi živeo, potiskuje smrt iz svesti. Taj čin je zasnovan na temeljnim osobinama psihe – na sposobnosti čoveka da potpuno uklanja iz svesti ono što mu smeta, na njegovoj sposobnosti da svaki put usmerava pažnju ka predstojećem cilju tako da sve ostalo ostaje van žarišta, na nesposobnosti većine ljudi da se suoče sa svakom mišlju koja nije izazvana pojedinačnom, konkretnom situacijom.

Zdrav čovek, srećni otac porodice, morao bi biti Tolstoj da bi ga bez posebnog razloga obuzeo strah od smrti, a Ivan Iljič, dok je zdrav i uspešan, ne može razmišljati o smrti, isto kao što ne može usredsređeno razmišljati o bilo kojoj drugoj apstraktnoj temi.

Ali ova misao se razlikuje od drugih neprijatnih misli po tome što je ona večita potencija koju snovi, reči, utisci mogu u svakom trenutku realizovati grčem straha. Ponekad je na površinu izvlači jednostavno odsustvo drugih predstava koje bi zaokupile um; do toga dolazi noću, kada se čovek budi prazan, i iznenada, na prelasku u budno stanje, sa gađenjem i otporom zamišlja sopstveno nepostojanje.

Već je Larošfuko pisao o tom prosvetljenju i pomračenju predstava: „Osciliranje kojem je izložena hrabrost mnogih odvažnih ljudi objašnjava se time što se smrt prikazuje u njihovoj uobrazilji na različite načine. U raznim trenucima ona je prisutna u njoj sa različitim stupnjem jasnosti... Jedino što je u njegovoj moći (razuma) – jeste da nam posavetuje da skrenemo pogled sa nje i usredsredimo ga na nešto drugo. Katon i Brut okrenuli su se uzvišenim mislima, a ne tako davno jedan lakej se zadovoljio time što je zaplesao na istom onom gubilištu na kojem je trebalo da bude stavljen na točak. Bez obzira na to što su pobude različite – rezultat je isti.“

Trista godina pre psihoanalize, pre teorija o podsvesnom i nesvesnom, mehaniku odvraćanja pažnje i potiskivanja shvatio je čovek koji je po svedočenju gospođe de Sevinje umirao tako kao da u tom događaju „za njega nije bilo ničeg novog“.

Larošfuko je znao da hrabrost nije isto što i shvatanje smrti, mirenje sa smrću, da jedan te isti čovek može biti čas neustrašiv, a čas uplašen, nezavisno od veličine opasnosti, ali u zavisnosti od toga da li je misao o smrti dospela u središte njegove svesti. „U sunce i u smrt nemoguće je gledati netremice."

Dogmatska vera u besmrtnost duše nije oslobađala od svojstvenog organskog straha. Međutim, misao o smrti se može socijalno vaspitati. Naročito se može vaspitati pomoću vrednosnog sistema koji socium sugeriše svakome, čak i najsubjektivnijem čoveku.

Prinuda karakteristična za ovaj sistem izuzetno je velika; i ako iz njega, recimo, proizlazi da je dobro biti hrabar, a loše biti plašljiv, onda čovekova težnja da se ne nađe ispod važeće norme nadjačava zaštitni instinkt; strah od javne osude i unutrašnjeg osećanja inferiornosti jači je od straha od smrti (obrnuti odnos nazivamo panikom).

Čovek se može plašiti vijugavog planinskog puta ili olujnog mora ili sumnjivih, zabačenih noćnih ulica i istovremeno osećati kako se taj strah paralıše, povlači usled odbijanja da ga sebi prizna. Čudno je to – s jedne strane tako velika stvar kao što je smrt; a sa druge strane tako mala – kao što je ubod samoljublja i mala nadjačava veliku. Zato što je pretnja od smrti izvan granica iskustva, dok je pretnja od poniženja očigledna i neizbežna; stoga upravo ona zaokuplja polje svesti.

Neobični dokument, dnevnik kapetana Skota svedoči o tome da su Skot i njegovi drugovi u polarnoj pustinji umirali sa duhovnim dostojanstvom, a to dostojanstvo je imalo izraženu socijalnu obojenost. Oni nisu gubili iz vida činjenicu da umiru upravo kao engleski džentlmeni. Pred sam kraj, Skot je napisao pismo majci svog druga: „Draga misiz Bovers!... Pišem vam u trenutku kada je kraj našeg putovanja vrlo blizu; završavam ga u društvu dvojice hrabrih i plemenitih džentlmena. Jedan od njih je vaš sin." Kakva jasna hijerarhija vrednosti je potrebna za to da Skot napiše tako nešto majci čoveka kojeg je odveo u propast.

U kmetskoj i apsolutističkoj Rusiji, u uslovima nasilja i ropstva, uporedo sa borbenom heroikom, postojao je i cinizam svakodnevnih dvoboja. U najvišim krugovima, tradicije volterijanske skepse su povremeno postojale uporedo sa oficirskim prezirom prema čoveku. Vjazemski je pod stare dane ispričao sledeći događaj iz 1808. godine: „Čekajući ručak, šetali smo po vrtu. Između ostalih bio je tu i Novosiljcov... On je sa sobom imao pušku. Proletela je ptica. Novosiljcov se spremio da puca u nju. Knez Fjodor Fjodorovič Gagarin (obojica su bili oficiri) sprečio ga je i rekao mu: 'Nije teško pucati u pticu. Probaj pucati u čoveka.' – 'Rado', odgovara onaj, 'mogu i u tebe!' – 'Izvoli, ja sam spreman. Pucaj!' I Gagarin zauzima stav. Novosiljcov je nanišanio, ali puška je zatajila. Valujev, Aleksandar Petrovič, pritrčava, otima pušku iz ruku Novosiljcova, okida i pucanj se razleže... Gagarin kaže Novosiljcovu: 'Ti si u mene nišanio: to je dobro. Ali sada ćemo nišaniti jedan u drugog; videćemo ko će koga pogoditi. Izazivam te na dvoboj.' Novosiljcov, naravno, ne odbija. Ali tu se drugovi umešaše u nadmetanje dvojice presmionih derana i jedva nekako uspeše da ih pomire. Posle toga su seli za sto, veselo ručali i celo društvo se vratilo u grad sretno i u punom sastavu."

Gagarin i Nosiljcov nisu ispoljili ništa manje hrabrosti, a hladnokrvnosti su ispoljili čak i više nego kapetan Skot, ali to je ponašanje drugačijeg moralnog kvaliteta. U Skotovom dnevniku najbitnije je to što je smrt za njega tako tragična jer je on prihvata zbog potpune celovitosti i vrednosti upravo tog života sa kojim se rastaje. U poslednjem pismu ženi on kaže:

„Koliko toga bih ti mogao ispričati o ovom putovanju! Koliko je ono bilo bolje od mirnog sedenja kod kuće u uslovima svakojakog komfora! Koliko bi priča mogla da ispričaš našem sinu! Ali kako je velika cena toga." U dvobojskom kavgadžijstvu prezir prema životu i smrti je rezultat strahovitog rada na potiskivanju; lik smrti je zamenjen trenutnim zadovoljstvom zbog svoje snage. Kavgadžijstvo je čak spojivo sa malodušnošću. Ako jednom bude umirao u postelji, kavgadžija može ispasti kukavica; zato što je on, umesto da shvati – prezirao smrt, a ona to ne voli.

U opasnom poduhvatu čoveku pomažu moćni faktori potiskivanja. On nije potčinjen samo prihvaćenoj normi socijalnog ponašanja, nego je pored toga i zainteresovan za predmetnu, tehničku stranu događaja, koja zaokuplja pažnju. Postoji presudna razlika između neizbežne i gotovo neizbežne smrti. Neobaveznost smrti – čak i u najstrašnijim uslovima – dozvoljava čoveku da usredsredi misao na tom *gotovo* – na najmanjoj šansi... Na taj način objekat doživljavanja je već zamenjen, on više nije smrt u čistom obliku.

### RAZGOVOR SA STUDENTKINJOM RUDARSKOG FAKULTETA.

– Da li biste pristali da letite u Ameriku preko Severnog pola?
– Ne.
– A što?
– Nekako... Ne znam... ne bih...
– Žao vam je vašeg života?
– Ne. Ne bih rekla da je to.
– Ali, zašto vam ne bi bilo žao života?

– Ne znam. Meni još ništa slično nije pretilo. Verovatno dok čoveku ne zapreti smrt, on ne može shvatiti kako da se ophodi prema životu.

– Mislite... A jeste li skakali padobranom?

– Nisam. Kad bi bilo potrebno, skočila bih. Ali da namerno skačem – to mi nije zanimljivo. Ranije sam i sama mislila da nisam skočila zbog kukavičluka. Ali kasnije sam se u jami provlačila tamo kuda niko od studenata nije. Znači da se u slučaju sa padobranom nije radilo o kukavičluku, već o ravnodušnosti prema tim... osećajima.

– Ali zar nije snažan osećaj – provlačiti se korz rupe pod zemljom?

– Ali to je za mene imalo smisla. To je moje zanimanje... Ali možda sam se tamo svuda zavlačila zato što uopšte nisam razmišljala kako nešto može da se desi.

– Ali teoretski je jasno...

– Teoretski jeste. Ali tamo niko ne misli o tome. To su svi govorili. A možda još i zbog toga što se usled nenaviknutosti stvara takva potištenost da je čoveku već svejedno.

– A šta je sa ljudima koji su navikli?...

– Zapanjivalo me je to kako se radnici nemarno odnose prema bezbednosti. Istina, nemoguće je stalno misliti o tome na poslu. To oduzima isuviše mnogo vremena. I uopšte, svi imaju preča posla. Ali tamo postoji jedan momenat, dva-tri minuta pre eksplozije oni treba da viču: „Palimo! palimo!“, tako da svi stignu da se razbeže i stanu ispod nosača da im ne bi nešto palo na glavu. To je užasno! Ta dva minuta kada posle upozorenja čekaš eksploziju, nisam mogla podneti. I da znate, stari rudari, koji tobože ni za šta ne mare – ne vole to.

Naravno. Oni to ne vole zato što za vreme tih dva--tri minuta nemaju čime da zaokupe pažnju osim možda mogućnošću kraja.

Opšteprihvaćena norma ponašanja, usredsređenost na tehničku stranu, neobaveznost smrti – to su osnove profesionalne hrabrosti. One omogućavaju najobičnijim ljudima da se sistematski bave poslom vezanim za smrtnu opasnost. Takvi poslovi kao što su kroćenje lavova, tačka američkog pilota-cirkusanta, koji u vazduhu zapali avion i u poslednjem trenutku iskoči iz njega uz pomoć padobrana – mogući su upravo zbog toga što je smrtna opasnost u njima kao takva profesionalizovana. Upravo za nju se i plaća. Tako se zamenjuje objekat proživljavanja. Za bolesnika, tehnička, odvraćajuća strana je lečenje. Ali lečenje ima svoju mračnu dijalektiku: ako ono potiskuje misao o smrti, onda je to zato da bi je ponovo dovelo sa sobom.

Čovek od akcije, prekaljen opasnostima – reče doktor M. – ne želi da umre od bolesti iznutra. Znate li kako je umirao jedan od najhrabrijih generala iz 1812. godine? Ne sećam se koji... Umirao je u svom selu. Imao je osamdeset i nešto godina i prevrtao se u krevetu od straha, od neslaganja sa onim što se događa. I bio je još uvek toliko jak da je zamalo zadavio lekara koji ga nije mogao izlečiti.

Krajnji intelektualni napor omogućuje nam u pojedinim trenucima da misaono dotaknemo nepostojanje – ništavilo, kao što se nekad govorilo. Ali u običnom stanju čovek se plaši na drugačiji način – ne shvatajući ono čega se plaši. A ne shvata ni večnost, ni beskraj, niti nepostojanje.

Prvi put, još nejasno, to sam naslutila još u ranoj mladosti. Bio je građanski rat – Crvena armija je zauzimala grad. Na ulicama se pucalo. U povratku iz škole morala sam se skloniti u prolaz. U prolazu je stajao jedan student, a na stepenicama je sedela žena sa maramom na glavi i košaricom. Iza ćoška je treštao

41

mitraljez; u daljini su se čule eksplozije. Žena se jako plašila, drhtala je, šaputala, krstila se. Iznenada, buka je prestala. Mi smo čekali u tišini. Malo kasnije, žena je ustala, uzela košaricu.

– Sačekaj, tetka – rekao je student – nije još vreme da se ide.

– Ne, idem – reče ona u nastaloj tišini, sasvim mirno, mada je nekoliko trenutaka pre toga mrmljala i jecala – idem, peć sam naložila.

I u tom trenutku sam iznenada shvatila – još uvek nejasno – da se ona plaši drugačije nego ja. Da se ona boji mitraljeske paljbe i podrhtavanja zemlje od dalekih eksplozija (meni je tada bilo šesnaest godina i činilo mi se da je nedolično plašiti se toga), ali ne plaši se nepostojanja, koje se naprasno otvara, zato što nije u stanju da ga zamisli.

## 2

Nekadašnje rezidencije su pravljene sa posve određenim ciljem – koji je uzgred vređao naša građanska osećanja – i sa nestankom tog cilja poprimile su, zajedničku za sve njih, osobinu praznine i besciljnosti. Kasarne, parkovi, i dvorci... povrh toga provincijski centar sa pijačnim trgom, poštom i apotekom – centar koji bez ikakvog međuprostora prelazi u periferiju. Iz predgrađa štrče vile i zgrade institucija sa svojim uobičajenim nikolajevskim ampirom. Plemićke kuće bez imanja i gradske bez grada – to je karakteristična crta rezidencija. U naše vreme odmarališta, sanatorijumi pridaju svrsishodnost tim čudnim gradovima. Za odmor je to dobro upravo zbog toga što toliko ne liči na ambijent prilagođen za bilo čiji svakodnevni život ili rad.

Hotel u kojem se ja odmaram zauzima jednu od zgrada dvorca. Prozor gleda na neku šupu, iza šupe se nalazi pustara, a iza pustare belo-žuti deo druge zgrade dvorca. Uglavnom, prilično smirujuće. U hotelima koji su više-manje čisti i uredni, uboge sobe (bez kitnjastih pepeljara i plišanih fotelja koje izazivaju blago gađenje) odlikuju se spontanom konstruktivnošću. Beli lavabo, krevet sa nesavitljivim bolničkim čaršavom, noćni ormarić, sto sa linoleumskom oblogom i sasušenom mastionicom, za kojim se može pisati, sto sa previše uštirkanim stolnjakom i bocom, za kojim se može jesti, ormar. Pored ormara stoji mali kofer sa presvlakom. Stvari su odabrane za dva-tri dana takođe po konstruktivnom principu. Ako u sobi ima nečeg suvišnog, onda su to fioke, kojih ima neverovatno mnogo u svim stolovima i svim delovima ormara. Stvari odabrane za dva-tri dana zauzeće smešno mali deo tog prostora. Osećaj konstruktivnosti koji izazivaju siromašno nameštena soba i dobro spakovan kofer jeste osećaj putne lakoće i slobode; slobode od asocijacija, od podsećanja, od svega uznemirujućeg, teškog, bolnog, mučnog, čarobne slobode koju nam daruje tuđi grad i tuđi krevet. Obnažena svest hrabrije i jasnije percipira svet.

Ovde se nalazi najdosadniji lenjingradski park – ravan i uzan, bez ikakvih iluzija. Ali za zimski odmor dovoljni su drveće i sneg. Na suncu sneg je sitnozrnast i sjajan. Čudno što je svuda unaokolo nagomilano toliko dragocene materije snega plemenite metalne beline. Ravnomerno raspoređen, on se blago uzdiže oko svakog bora. Iza borova je sunce, tako da su dugačke senke isprugale sneg. Senke, hladne na zemlji, na snegu se čine toplima. Neobična je čistoća materijala – snega, drveta, oblaka, senke i svetla. To je lakoća disanja, dragoceno tkivo života. Toliko je čista da je neprijatno setiti se leta – sa znojem, peskom, vlažnim muvama koje peckaju; proleća – sa baruštinama, vlažnim vazduhom, nervozom, sa nemirnim šarenilom zemlje.

Zimski pejzaž je sastavljen od ograničenog broja elemenata: sneg, iglice, stabla i grane golog belogoričnog drveća sa ispupčenom, izrezbarenom korom. A u zimu sa puno snega, sa injem i smetovima, element je samo jedan – sneg; sve ostalo je tek okosnica pejzaža. Igličaste šape jela su postolja za sneg, gola stabla jasika i breza – gruba osnova za kristalne oblike inja. I na sve to i dalje pada i pada sneg. Čak ne pada (pada – kiša) – sneg leti, odozgo ili sa strane, ili odvajajući se od zemlje. Možda je sve to jedna ista doza snega uhvaćena u vrtlog. Kruženje pahuljica završava za čoveka taj svet – odvojen, uprošćen, gotovo veštački. Stabilan i jednoznačan, taj svet rasterećuje svest i daje joj usredsređenost, nemoguću u bogatom šarenilu, u sukobu sila, u kretanju leta, proleća i jeseni. Snežni pejzaž ne samo da oslobađa misao od svake uznemirenosti, on je oslobađa i od sebe samog. Ne apsorbujući i ne zadržavajući misao, on je kroz sebe propušta dalje.

Od uzdignutog dvorca ređaju se naniže pojasevi aleja donjeg parka. One su dvobojne – beli ton snega i taman ton četine i drveća. Po levoj dijagonali ide mali, crn na snegu, čovek. Odozgo se vidi kako se kreće po belom prugastom dnu ispruženom između dva zida drveća koji kao da hrle jedan drugome u susret. Neverovatno jednostavni mi izgledaju visina, dubina, svetlost, senka, razdaljina, kretanje.

Tu oštru jasnoću percepcije, to dragoceno tkivo zime, nemoguće je odvojiti jedno od drugog, kao i od čistog osećaja života – prepunog života koji se detaljno proživljava i pamti. I dugi dan, potpuno shvaćeni dan, koji je iz sebe izbacio nepostojanje i primitivnu rasejanost, ispunjen je mislima o životu i samim tim o smrti.

Misao o životu često završava i započinje sa mišlju o smrti. U čemu je smisao života ako ćemo svi svejedno umreti – to je ono od čega se počinje. Kao da je besmisao koji traje večno bolji od privremenog besmisla? Nije stvar u beskraju, već u opravdanju životnog procesa. Formula: život nema smisao zato što je čovek smrtan, logički je netačna, ali ima izvanrednu upotrebnu postojanost. Protest protiv kratkotrajnosti i ličnog života, i čak istorijske kulture koja ga obuhvata, kroz ovu formulu otkriva upornu želju za pripadanjem nekoj bezuslovnoj celovitosti.

Upravo smisao predstavlja strukturnu vezu, uključenost pojave u strukturu višeg i opštijeg reda. U umetničkom delu, recimo, ni jedan element nije jednak sebi, nego je smešten u simboličku vezu predstava koje se proširuju. Ova estetska korelacija može poslužiti kao model za druge smisaone korelacije. Strukture hijerarhijskog reda osmišljavanja života, ugrađujući se jedna u drugu, postižu visinu. Tako smisao i vrednost formiraju nedeljiv doživljaj.

Za razliku od fizičkog užitka, od materijalnih dobara, vrednosti se ne mogu izvesti iz zatvorene ličnosti. One predstavljaju svojevrsno sublimirano, idealno iskustvo, koje nije uvek apsolutno, ali koje i u svojoj relativnosti uvek ima sveopšti značaj (za određeni socijalno-istorijski sloj).

Najneposrednije, najneospornije, najcelovitije dokaze o smislu i vrednosti čovek dobija u činu ljubavi i stvaranja. Čovek zatvoren u sebe, bespomoćan je i nezaštićen; njega muče beda, dosada, strah. Seksualna ljubav i porodica – najjednostavniji su, osnovni način izlaska iz sebe (o tome piše Vl. Solovjov u *Opravdanju ljubavi*). Dok ljubav traje, njeni su ciljevi obavezni, a pravila neizbežna. To je razlog zbog čega egocentrična svest u ljubavi čini prvi korak ka objektivaciji sveta. Prevladavanje subjektivnosti i objektivacija, koja eliminiše strah i usamljenost, podižu se iz tamne sfere emocija. Ljubav i porodica su prave demokratske vrednosti; za njihovu realizaciju nisu potrebni izabrani, ili su potrebni izabrani u sasvim drugom smislu. U ljubavi je prisutna najveća opšta dostupnost na izgled najređih stvari – patosa, blaženstva – i ono što je posebno važno – jednostavnost i svakidašnja opšta dostupnost žrtve. Nema egoističnijeg osećanja od ljubavi, nema egoistčnije socijalne institucije od porodice – ali taj egoizam zna da postoje stvari koje su toliko potrebne za pojedinačni život da već prelaze njegove granice. Egocentrična svest na putu ka objektivaciji sveta sledeći korak čini u stvaralaštvu. Ako je princip ljubavi u tome da ono što se nalazi izvan mene postaje ja, onda je princip aktivnosti (stvaralaštva) u tome da ja postajem ono što je izvan mene. I mora se reći da je to gotovo isti princip.

Činjenica da je stvaralaštvo isključiva svrha samom sebi nepodnošljiva je za neiskvarenog čoveka. Spasavajući se od samosvrsishodnosti, mi pravimo još jedan korak na putu ka objektivaciji, neodlučan korak u istorijsku svest. Stvaralaštvo nadživljava stvaraoca; i bez obzira na to sa kakvom zlobom, podsmehom, otporom subjektivni i pozitivni um susreće ovu formulu – on je prinuđen da joj se pokori kao uslovu. I Prust, koji je shvatio sve što se tiče subjektivne svesti, napisao je: „Tvrdim da se surovi zakon umetnosti sastoji u tome da živa bića umiru, i mi sami ćemo umreti, nakon što iscrpimo sve patnje, zbog toga da bi rasla trava i to ne zaborava, nego večnog života, gusta trava plodonosnih dela". To je jedna od poslednjih stranica *Le temps retrouve* – dakle, napisao ju je čovek koji gotovo da je već bio mrtav.

Stvaralačko pamćenje za Prusta nije samo princip oblikovanja umetnosti već i života – reke koja neprestano beži u pukotinu između prošlosti i budućnosti. Kod Bergsona nesvesno pamćenje obuhvata svu punoću proživljenog i uključuje se u svetsku vezu. Bilo je dovoljno da se pamćenje, sačuvavši svoju hegemoniju, liši te povezanosti, da bi se formiralo Prustovo katastrofalno osećanje života. Za razliku od organskog pamćenja, intelektualno pamćenje je fragmentarno, i sve što ono nije sačuvalo, svi neobnovljivi delovi života bole čoveka, kao što boli koleno noge koja je cela amputirana. U teškoj borbi sa zaboravom, stvaralačko pamćenje pretvara prošlost u sadašnjost koja se večito proživljava. Da bi se zatvorilo, učvrstilo to proživljavanje – zar nije bolje do kraja stvarati jedno delo? Prust sa svojim izoštrenim osećajem umiranja u toku života, tako je i postupio.

Aleja me je dovela do ograde parka. Sa desne strane iza ograde nalazi se okružen blagom senkom, utaban skijama, beli brežuljak koji se presijava na niskom suncu. Skijaši iz zaleta ulecu u aleju i šarene se između stabala, premeštajući se sa svetla na svetlo. To je vojna jedinica. Istovetni borci u zelenim bluzama i šlemovima, spuštaju se dole savijenih kolena, nepomično i isturivši ruke sa skijaškim štapovima – kao mehanizovani; ispravljaju se u podnožju brežuljka, nastavljajući kretanje širokim skijaškim korakom. Ima nečeg umirujućeg u redovnom ponavljanju tih pokreta, u promicanju jednakih lica, mladih, obrijanih, crvenih od vetra i napora. To je verovatno utisak hrabrosti. Čovek u vojničkoj uniformi – hrabar je čovek; to je staro, neuništivo poistovećenje. Čovek u vojničkoj uniformi ima profesionalni odnos prema smrti; on je – upozoren.

Dan je prošao u polaganom lutanju parkom; sumrak je poništio dragocenu polutamu. Sada je sve svedeno na sumornu, banalnu belinu zemlje išaranu granama i stablima. Nezavejano snegom, listopadno drvo je krivo i nakazno sa svojim čvorovima i kvrgama, potpuno neprimetnim u lišću. Primiče se kopnjenje – vazduh, težak od vlage, sneg bez sjaja i drveće u histeričnim pozama. Jesen je negacija leta, ali proleće uopšte nije negacija zime. To ne liči na smisao proleća, prepunog sopstvenog kretanja, usmerenog u budućnost. Nije slučajno što se između zime i proleća nalaze prostori martovskog kopnjenja i aprilske praznine... Umiranje zime je kopnjenje koje negira kod zime sve sunčano, čvrsto i lako. U otapanju, kao i u jeseni, postoje tišina, žalost i tuga. I poput jeseni kopnjenje je proces, dok je zima stabilna. Od svih godišnjih doba, samo je zima – stanka, zatvaranje. Zato je zima – simbol smrti.

Posve se smračilo. Ponovo sam pored dvorca; na istom onom mestu sa kojeg sam jutros otkrila dubinu i dužinu aleja donjeg parka. Pored tamnoplavog, tamnosivog, tamnosmeđeg prisutna je i tamnobela boja. Boja noćnog snega. Drveće je izražajno, kao grafičko načelo linije i forme. Sada je aleja postala – hladna neizbežna staza, tamnobela sa crnim stablima.

Današnji je dan zaista dug. Rasterećen pomoću snega i tuđeg grada, to je dan posebnog napora; a za njim će ponovo uslediti kratki, tmurni dani. Ali trenutno su tu umor i prijatno osećanje granice, pred kojom se najzad može stati. Možda je to čak prauzor one, oslobođene žaljenja predsmrtne iscrpljenosti, obećane čoveku koji je do kraja domislio svoje misli. I poslednji utisak toga dana prodire u mene – drvena ulica zavejana snegom, sa osvetljenim prozorima.

U velikim zgradama osvetljeni prozori su strogo lokalizovani i izolovani u mraku i zatvorenosti kamenog bloka. U maloj drvenoj kući prozor zauzima nesrazmerno puno mesta; sa svojim okvirom stoji ravno na površini zida, i nama je jasno da kuća sva svetli iznutra, probijajući se svetlošću kroz prozor, kao kroz otvor za ventilaciju. Kuća svetli u snegu slabom žutom i ružičastom svetlošću životne topline.

Drevna ideja o vatri života, prvi put mi je postala jasna na neočekivanom mestu – na Aj-Petri. Običaj je da se na Aj-Petri dočekuje izlazak sunca. Ja sam imala priliku da ga dočekujem dva puta, međutim nijednom, od ta dva puta, Sunce, kao što se ovde kaže – „nije izašlo". Ali pred zoru ugledali smo svetla Jalte. Usred pustih planina i mora – mala gusta skupina svetala koja se komešaju. Kao da je gomila ljudi stala rame uz rame i podigla baklje da bi ukazala na postojanje života i zaštitila se od ništavila i mraka. Kakve veze ima to što u stvari tamo blešti korzo turističkog grada sa sladoledom, šatorima, devojkama koje imaju trajnu frizuru i haljine od kineske svile... Isti smisao ima zasnežena svetlost ovih drvenih kuća. To svetli život sa svojim rađanjima i smrtima, sa prostaklukom, sa platama, sa primusom i ljubavlju; život – grub, osetljiv, zamršen i svet.

Svetlost tuđeg života mami i uzmeniruje noću usamljenog putnika.

*Doch Weiter, Weiter, sonder Rast.*
*Du darfst nicht stille stehen.*
*Was du so sehr geliebet hast,*
*Solist du nicht wiedersehen...* *

Ovaj dugi dan traje i dalje. Sinoć kasno neko je zakucao na vrata moje sobe. Mora biti da je doputovao na odmor neko od poznanika, pa navratio da popriča pred spavanje. Tako je i bilo. Ulazi I.T. Moglo bi se reći da je to za danas najbolje rešenje. I.T. je pametan apstraktan čovek, koji ima životni stav. Razgovor će najverovatnije dotaći stvari koje me sada zaokupljaju.

---

* Ali napred, napred bez predaha. Ti ne smeš stati. Ono što si toliko voleo, više nikada nećeš videti. Hajne (nem.)

49

I. T.: – ...Pa ja se nikada nisam ozbiljnije bavio psihologijom... Ima još jedna oblast filozofije koju ne podnosim – to je etika.

– Vi ste, po svemu sudeći, neetičan čovek.

– Ja jesam neetičan čovek.

– Ali... ako razgovaramo ozbiljno... nemoguće je da ste vi za primitivno rešenje osnovnih pitanja. Na kraju krajeva, čovek može da živi bez gnoseologije, ali ako ne reši pitanje vrednosti, ne može živeti na pravi način.

– Ja sam baš za primitivno rešenje. Nikakvo drugo rešenje u tom pogledu nikada nije uspelo. Vidite, ja smatram da postoje tri vrste ljudi. Kod većine poslednje vrednosti uopšte ne dopiru do svesti...

– A! To je otprilike ono što ja nazivam empirijskim čovekom.

– Ja se ne trudim da to nekako nazovem. Postoje transcendentni ljudi kojima je neophodno da se najviša vrednost nalazi izvan...

– To su verovatno, u širokom smislu reči – ljudi sa religioznim načinom mišljenja... to jest vernici, mada uopšte nije obavezno da je reč o veri u Boga... Kao i, naravno, imanentni ljudi...

– To nije teško pogoditi – čim postoje transcendentni. Imanentni ljudi nekako doživljavaju vrednost unutar sebe.

– Upravo – nekako...

– Uzmite u obzir da ja ne pretendujem na to da su imanentni ljudi iznad transcendentnih.

– Plašim se da vi to podrazumevate. Ali zamislite čoveka – nereligioznog u svim mogućim značenjima te reči, ali sa povećanim doživljajem vrednosti. On je nesrećan. Njemu se neprestano čini da samo apsolutno dovodi ljude u red i objašnjava pojedincu zašto će umreti – pošto postoji nešto što je iznad njegovog života. Tog imanentnog čoveka muči proizvoljnost njegovog vlastitog duševnog mehanizma.

– Znači da on nije imanentni čovek. Njemu su jednostavno potrebne vrednosti izvan njega.

– Potrebne su mu! Ali ako ih nema...

– O, onda mu je teško. Vrlo teško!

– Razumem: nećemo mešati imanentne ljude i transcendentne ljude bez transcendentnih vrednosti. Ali kako će se onda taj vaš transcendentni čovek osloboditi sumnje da su svi njegovi kriterijumi – obmana?

– Čija obmana? U čiju korist ste vi obmanuti? Ko vas obmanjuje?

– Recimo samoobmana...

– Ali obmana ili samoobmana mogu se razmatrati samo u odnosu na neku stvarnost, istinsku stvarnost. A ako vi ne znate i ne možete da zamislite nijednu drugu stvarnost, osim one u kojoj se nalazite?...

– Dobro. Pitate – u čiju ste korist obmanuti? Postoji međutim, pojam prirode. A, kao što kaže Šopenhauer, priroda sve čini za vrstu, i nikada ništa za pojedinca. Tako jednodnevnom leptiru koji leprša kao budala, a uveče nakon što snese jaja – umre, njemu je, na kraju krajeva, svejedno, zato što on to ne zna. Ali čovek – ne ljutite se što vam govorim opštepoznate stvari – čovek nije stvoren samo da leprša i rađa, već i da pod bilo kojim okolnostima izmišlja ideologiju – pošto čovek zna. I on je u suštini žrtva prirodnog mehanizma prilagođavanja...

– A da li biste se vi menjali sa onim ko ne zna?

– Ja? Nipošto.

– Pa kakva ste vi onda to žrtva?

– Žrtva sam u tom smislu što je nekome, možda toj prirodi – zbog nečeg potrebno da mi živimo...

– Kome to može biti potrebno da vi živite? To samo vama može biti potrebno. Nije reč o smislu života – čak je nejasno šta to u stvari znači – nego o vrednosti života. Čovek se rodio i niko ga nije pitao za mišljenje. Ali on ima pred sobom dovoljno mogućnosti da stvori mišljenje o činjenici života – ovakvo ili onakvo. Za čoveka koji zaslužuje da ga nazovu razumno-misaonim pitanje može biti formulisano samo na takav način: ja živim – znači priznao sam vrednost života.

– Ali odakle uopšte taj vaš čovek uzima pojam vrednosti? Vrednost je uvek socijalna. Znači on je dobija sa strane. I u odnosu prema njoj on nije slobodan. Recite direktno – dobija li on vrednost sa strane?

– Genetski – naravno. Ali nije to ono što određuje organizaciju svake pojedinačne svesti. Ja sam slobodan u odnosu na bilo koju vrednost, zato što u svakom trenutku mogu da odem. One za mene postoje samo utoliko što sam pristao da ostanem.

– Sada je jasno da od celog devetnaestog veka, vi priznajete pre svega Dostojevskog. Kirilov se ubio da bi dokazao da je slobodan.

– Ja ne insistiram na sveopštoj obaveznosti sudova te vrste. Ako se ispostavi da ima još ljudi koji tako misle – meni će biti svejedno. Drugačije stvari stoje u pogledu ideja u oblasti gnoseologije ili istorije. To jest u oblastima kojima se bavim naučno.

– Etika je isključena?

– Ja imam uravnotežen odnos prema smrti. A etika počinje, završava, ona cela proizlazi iz misli o smrti.

– To je strahovito tačno.

– Ja sam u životu mislio o smrti tri noći. Imao sam tada četrnaest godina.

– I šta ste smislili?

– Da sam... spreman – izvolite.

– I od tada ste na istim pozicijama?

– Da. Uostalom, ja sam i prema životu ravnodušan. Mislim da tu i nema nečeg posebnog. Na kraju krajeva mogli bismo i da ne postojimo.

On misli da je oslobodio svoj pogled na svet od opsesivnog delovanja misli o kraju; u stvari, njegov se pogled na svet drži samo na ideji o slobodnom pristanku i slobodnom odlasku, to jest na ideji filozofskog samoubistva. I. T. je klasičar koji sebe posmatra u svetlu antičke skepse i hedonizma. Ali u stvarnosti, mi se ovde ne susrećemo sa stilizacijom na osnovu antičnosti – što nikoga ne bi interesovalo – već sa stanjem svesti koje pripada XX veku. Čovek ne shvata, ne prihvata, ali ne odbija... To je postavka nepovezane impresionističke duše, sa podsvesnim, nesvesnim, zapetljane između prošlosti i sadašnjosti, između pamćenja i zaborava, i koja nije sasvim sigurna da li postoji. Ona je neposredno obdarena samo haotičkim osećanjem života za koje se ne zna kome pripada; izvesnom ludački neshvatljivom suštinom koju taj čovek nosi u sebi, i u odnosu na koju je ceo njegov svesni duševni život – samo neautentična pojava... I pored sve subjektivnosti, ta svest je u suštini neindividualistička – ona čak ne sme da se čudi sopstvenoj konačnosti. Ona, može se reći, nije tragična zato što joj smrt ne protivreči.

Ali evo razgovora sa čovekom drugačijeg kova, koji poseduje strašnu snagu samopotvrđivanja. Pored toga, on je intelektualan i zbog toga po svaku cenu traži izlaz iz sopstvene zatvorenosti u spasonosni apsolut.

Ja: – ... A Šopenhauer kaže da se ne treba plašiti smrti, pošto je u čoveku smrtno samo lično, to jest intelekt, koji uopšte ne doživljava emocije, pa ni strah. A s druge strane volja je bezlična i besmrtna, pa ne treba ni da se boji...

Sagovornik: – Bez obzira na to, ona se boji... Šta je na kraju krajeva pokretalo ljude... recimo, 1789. godine? Šta osim vere u objektivnu istinu, objektivno dobro, oslobađa od straha? Možda – stanje afekta?

Upravo je stanje afekta – ono što shvataju oni koji se plaše; upravo je sposobnost afekta i religioznog patosa – ono što oni najbolje shvataju.

– Ja sam uveren – nastavlja sagovornik – da je objektivno dobro – glavno životno pitanje, uslov života.

– Lepo rečeno, ali ja dobro znam šta to znači u datom psihološkom kontekstu. Da bi se živelo, neophodno je ono što je vrednije od života. A to je glas straha. Čovek se toliko plaši kraja da sanja o tome da pronađe jedino što smiruje – odnosno ono što je vrednije od života; i što je samim tim jače od smrti. Njemu ne pada na pamet da želja za skakanjem sa trambuline može ispasti jača od smrti.

– Dobro, da bismo shvatili smrt, dovoljno je priznati nadličnu objektivnost postojanja. Vi ovo, pretpostavljam, razumete... pošto imate taj istorijski apsolut?...

– Ne znam, na takva pitanja možda jedino religija može dati odgovor.

Ali on nema religiju. Znači, da njemu, kao ni meni, niko ne može odgovoriti na takva pitanja. I njegov istorijski apsolut je samo vanjština. Nešto poput ideja nemačkog idealizma koje se same razvijaju; s tom razlikom što se kod njega one razvijaju u neizvesnom pravcu i što on ne veruje u njihovu metafizičku realnost.

## RAZGOVOR O MOM SAGOVORNIKU, KOJI SE ODVIJA IZMEĐU DVA NJEGOVA PRIJATELJA

– Hmmm... Zbog čega li su mu tako potrebni ti apsoluti?... Šta ti misliš?

– Zato što za njih ne odgovara. Njegov um ih koncipira sa izvanrednom lakoćom, što je prijatno samo po sebi. Kao mislilac, on shvata da je uzvišenije ima-

ti apsolute, nego nemati ih. A za njega je najvažnije da bude iznad drugih.
– To je sve tačno. I ima još jedna stvar – on se boji.
– Čega – ideja?
– Zašto ideja? On se upravo ideja i ne boji. Boji se smrti, pasa, krava, lopova i ko zna čega još... I zato ne shvata da su ljudi uglavnom sve samo ne plašljivi; i lakše je navići čoveka na opasnost, nego navići ga na poštenje, red, da pere zube... Ali on razmišlja istorijski, politički-savremeno i zna zbog čega postoje narodi. Tako da su apsoluti neophodni, neophodni momentalno, da nas oslobode straha.

Zamislite čoveka ogromne životne i stvaralačke energije, egocentrika sa nezadrživom potrebom za samopotvrđivanjem, ekspanzijom. U kombinaciji sa hrabrošću od njega bi moglo da ispadne sve što zamislimo: osvajač, avanturista, Napoleon... U protivnom, dobija se preteran refleks samoočuvanja u čijoj službi se nalazi snažan i prilagodljiv um, istančan naučnom dijalektikom.

Na primedbu da rat i očekivanje rata rađaju kulturu hrabrosti sledi odgovor: prvo treba dokazati da je hrabrost – pozitivna činjenica. To je drsko utvrđivanje sopstvene ličnosti od strane egocentrika koji odbacuje svaku njemu suprotnu moralnu vrednost.

Stanje opasnosti je, kaže on, neprirodno. U takvim slučajevima ljude pokreće samo ideologija, koja pripada tom stanju kao takvom, to jest ideologija pobede. Ostalo su neosetljivost i okrutnost koje se nazivaju hrabrošću. Istovremeno, kao istoričar i čovek koji razmišlja istorijski, on ne želi da ostane na poziciji klasičnog humanizma. U skladu sa poslednjim dostignućima istorije, on tvrdi da socijalni aparat treba da prišrafi JA koje urla od egoizma. Odatle je samo jedan spekulativni potez do objektivnih ciljeva razvoja koji suzbijaju egoizam i smanjuju strah. On naravno povlači taj smirujući potez. Jedini problem je u tome što u njegovom ličnom iskustvu ciljevi za sada još nisu otkriveni. To je vrlo zgodno, jer neotkriveni ciljevi ni na šta ne obavezuju.

Razgovor se nastavlja.

Ja: – Ja mislim da je neosnovanost subjektivizma dokazana njegovom nemoći da shvati smisao života i smrti.

Sagovornik: – Ja mislim da je dokaz u činjenici stvaralaštva. Zašto mi pišemo? Recite, molim vas, zašto se ja mučim i sedam da pišem knjigu koja će mi u svakom slučaju doneti samo neprijatnosti...

– Pa ja vam to čitavog života govorim...

– Da, ali vi smatrate da je stvaralaštvo – fiziološka potreba. Kao kad čovek poželi da se počeše.

– A vi mislite...

– Ja mislim da iza stvaralaštva ima još nešto...

– Ali mi ne znamo šta je to. Međutim, poznajemo psihološku realnost: čovek želi aktivnost, odnosno stvaralaštvo i rad; i često želi opasnost.

On se slaže. Ali nije u stanju da prihvati tu činjenicu kao psihološku. Njegova unutrašnjost, nervi, suprotstavljaju se ideji čoveka „koji traži opasnost". I osim nerava, suprotstavlja se takođe neukrotiva želja za samopotvrđivanjem. Jer hrabar čovek će verovatno po skali moralnih ocena ispasti najbolji čovek. Dok najbolji treba da bude on. Eto zašto mi iz zgodne psihološke sfere odmah prelazimo u sferu logičkih odnosa. Postoji čovek kao čovek (koji ne želi opasnost) i čovek kao Čovek, predstavnik naroda; i taj želi najneprirodnije za čoveka stvari. Empirijskog subjekta razdire protivrečnost između ličnih i skupnih (skupno se pominje u *Ratu i miru*) težnji. Ali svaki čovek na osnovu nepogrešivog unutrašnjeg iskustva zna da je skupno iznad ličnog.

Ja: – Zašto?

Sagovornik: – Zato što ono izbacuje čoveka iz ravnoteže. Stvaralaštvo, aktivnost, ljubav, estetski osećaj – sve to izbacuje čoveka iz ravnoteže.

– Zašto je to dobro?

– Zato što je to jedina moguća sreća za čoveka.

– Zašto?

– Zato što je to besmrtnost.

– Ne razumem besmrtnost koja nije lična.

– Nije stvar u shvatanju toga kao realnosti, nego u tome da postoji sveoslobađajući doživljaj besmrtnosti.

– Ali iz čega proizlazi da je doživljaj smrti nešto najuzvišenije?

– Iz toga što znamo da je nemoguće složiti se sa smrću.

Razgovor se završio.

Subjektivizam koji je opsednut protestom protiv nepostojanja pravi od sebe zaštitni san o apsolutu. O, to nije onaj apsolut strogog jasnog načina mišljenja pojedinca koji je sebe prihvatio kao deo celine; to je san egoiste koji mučen usamljenošću traži afekte i transove ne bi li ga izbacili iz ravnoteže.

– Znači, po vama ispada da je to droga?

– Ne mislim tako. Ali mislim da je, na nesreću, to tako za savremenog evropskog čoveka.

Ali svetska istorija, koja večito podrazumeva ciljeve, nagoveštava mu da se iza droge krije istina.

U XIX veku individualističko osećanje sopstvene ličnosti je bilo toliko obavezno da se ni najneustrašiviji ljudi (Tolstoj, na primer) teoretski nisu mogli pomiriti sa smrću, niti sa nečijim, ma ko to bio, pravom da propisuje smrt pojedinačnom i jedinstvenom čoveku. Sada čak i kukavica, samo ako razmišlja u opštim kategorijama – grozničavo traži socijalnu snagu, koja ima pravo i vlast da ga natera na žrtvovanje (ali ostavljajući sebi pravo da ga izbegne). Ispostavlja se da nije dozvoljeno shvatati smrt kao kraj, kao totalno uništenje ličnosti i istovremeno zastupati apsolutnu vrednost pojedinačnog života. Samo mehanizam potiskivanja ili nesposobnost prosuđivanja omogućuju kombinovanje te dve ideje. To je jedna od oštrih psiholoških suprotnosti. Onima koji umeju da misle potreban je izbor.

Religija je na ovaj ili onaj način poricala totalnost uništenja. Istorija je pokazala da religiozno osećanje, intuicija apsolutnog može biti usmerena na socijalne objekte. Pošto nadrastaju i nadživljuju čoveka, oni obećavaju neku vrstu besmrtnosti. Samo, za razliku od crkve, istorija čoveku ne plaća ni nebeskim carstvom, niti opraštanjem grehova.

A šta sa onim koga ne zadovoljava bezlična besmrtnost, ko je izgubio intuiciju povezanosti? Da ne bi ostao sa golim strahom od uništenja, on obezvređuje život i samog sebe. On kaže: na kraju krajeva, mogli bismo i da ne postojimo.

Tako je postupao visoki hedonizam, samosvest i samoograničenje umova zatvorenih u svoju korist. Nije religija odbijala život (ona je odbijala samo lažno postojanje u korist pravog), već ga je odbijao hedonizam, koji je iscepao život na nepovezane trenutke zadovoljstva i patnje koje reguliše filozofsko samoubistvo.

Skepticizam novijeg doba nema antičku jasnoću i neustrašivost. On je rado osuđivao, ponižavao sam sebe i oblizivao se pred apsolutima.

Imamo primer čoveka čiji je život bio uspešan, a kraj – katastrofa. Ako gledamo tuđi život sa strane (čovek može gledati sa strane i svoj život), onda poslednji trenutak baca svoj odsjaj na sve što je bilo, retrospektivno ga prerađuje. Smrt boji proživljeni život. Ali i sama se određuje unutar života. Ivan Iljič umire tako strašno zbog toga što je strašan u svojoj lakomislenosti njegov život. Da ne bismo umirali na takav način, treba da živimo drugačije. I da počnemo iz ovih stopa. Razumevanje smrti je moguće kada se život shvata kao činjenica istorije i kulture. Kao biografija. A biografija je završena struktura i otud po svojoj suštini konačna. Onda život nije zbirka iscepkanih trenutaka već čovekova sudbina. I svaki trenutak nosi u sebi breme svega što je bilo i začetak svega što dolazi.

Strukturna predstava o životu povremeno rađa herojski doživljaj sveta. Ne samo smrtna opasnost nego i sama smrt se tada čini kao vrhunac realizacije, poslednja karika u nizu istorijske besmrtnosti. Za religiozne i revolucionarne aktiviste smrt kao žrtva nije strašna neophodnost, niti slučajnost, nego savršeni završetak sudbine. To je Aleksandar Odojevski izrazio uoči 14. decembra rečima: „Umrećemo – ah, kako ćemo divno umreti!"

Smrt kao poslednja provera i uslov apsolutne slobode i snage koja se kupuje spremnošću da se nestane na oštrici bilo kog trenutka. Ljudi Puškinovog doba visoko su cenili takvu vrstu užitka. Puškin je i svojim stvaralaštvom i životom izrazio ideju punoće životnog trenutka, ispunjenog spremnošću na uništenje i oslobođenog od straha.* Umirući, Puškin je rekao: „Završen

---

* Mihail Lunjin je iz progonstva u Sibiru pisao svojoj sestri: „Za potpunost mog postojanja nedostaju osećaji opasnosti. Ja sam tako često susretao smrt u lovu, na dvoboju, u bitkama, u političkim borbama da je opasnost postala navika, neophodnost za razvoj mojih sposobnosti. Ovde nema opasnosti. Čamcem prelazim Angaru, ali njeni talasi su mirni. U šumama susrećem razbojnike, ali oni mole milostinju."

je život..." Neizmerna je sadržajnost ovih reči koje izgovara Puškin na samrti. Krajem XIX veka već je svako sebe smatrao centrom svemira, i nije se mogao pomiriti sa sopstvenim nestankom. A Puškin je mogao; uz sve ono što je nosio u sebi, on je mogao to da shvati. Ne samo pred kraj – kada je već bio slomljen – nego još u mladosti, ateističkoj i punoj očekivanja, on se izlagao mecima. Tako je plaćano Puškinovo osećanje života – katastrofalnog, ali koji se može pobediti. Možda besmrtnosti, zalog...

April me je opet na nekoliko dana doveo u istočno predgrađe. April sa svojim golim granama i prošlogodišnjim lišćem na zemlji uopšte ne liči na jesen. Tu je lišće odavno mrtvo, dok je u jesen lišće živo i tek umire. April je kao prostor između kopnjenja i proleća, pauza pred kretanje. Kao zadržani dah... Aprilski pejzaž je negativan, odlikuje ga odsustvo zelenila, odsustvo snega, odsustvo opadanja lišća. On je kao kostur prirode.

Zaliv se pored obale još nije oslobodio od leda. Plitke bare, ostrvca sa stabljikama trule trske, sprudovi i modri, poluotopljeni led. Sa zaleđene i muljevite stazice na obali pruža se pogled na široku panoramu prljavog leda i golog drveća; pustoš i vlaga koji prodiru do samog srca.

Priroda pokazuje da uopšte nije obavezna da se stalno kiti i ushićuje čoveka svojom lepotom; za vlast nad čovekom dovoljna joj je večita simbolika njenih elemenata. Sada je naročito ružna; lepo je, u stvari, samo lakirano pruće vrbe sa sivim krznenim pupoljcima koje je prijatno dodirivati usnama.

Stabla – stari pratioci svake šetnje parkom – polako kruže i premeštaju se na mom putu. Šta ja percipiram? Stabla, mrtvo, raznobojno lišće, mrlje, suncem obasjana mesta i senke, iščupane iz senke delove ko zna čega i njihove neobavezne kombinacije – empirijski haos, besmislicu osmišljenu impresionizmom. Da bismo shvatili svet, još ćemo morati da se borimo sa idejom o tome da mi vidimo ono što se odražava na našoj mrežnjači. Mi vidimo ono što znamo i što želimo da vidimo. Sasvim dole ispod masiva zelenila vide se vertikalni štapovi i među njima bleda traka odsjaja. Ali ja vidim nešto sasvim drugo – zaliv između drveća i drveće koje raste na obali. Stvari iz intelektualnog iskustva, sa njihovim zadatim oblikom, sa osnovnom bojom, socijalnom namenom, sa njihovom simbolikom i emotivnim tonom.

Kada čovek u zimskoj noći sa padine gleda dole na aleju, njega istovremeno uzbuđuju pojave dubine, visine, rastojanja – simbolika puta, možda simbolika smrti.

Oslobađa se sve što je u munjevitom skraćenju sadržano kao neuhvatljivi trenutak. I ako shvatanje stvarnosti zadire u najopštije spoznajne kategorije, onda ono drugim krajem ulazi u pojedinačnu stvar sagledanu u prolaznom aspektu. Svaka nova neravnina, otkrivena na površini pojedinačne stvari – jeste novi čvor spoznaje. Što je detaljniji trenutačni utisak, to se više intelektualnih nizova od njega grana na razne strane.

U žarište percepcije može dospeti gust šumski masiv, ili proseka, ili grupa drveća, kora na drvetu. Pogledaj belu pegavu brezu; zatim priđi tik uz nju i površina drveta postaje čudna, kao pod lupom. Otkinuti komadi, tako da se vidi donji mrki, ispucali sloj kore; a još dublje – svetlo, klizavo drvo. U stvari, belina brezove kore određena je gornjom srebrnom opnom, koja ima zategnutu i ružičastu podlogu. Kora se ljušti i savija na uglovima; na pojedinim mestima, ona je otvrdnula kao zelenkasta, siva, monotona i složena šara.

61

Gola aprilska priroda obiluje detaljima. Blatnjava zemlja je sva išarana svežnjevima sive prošlogodišnje trave. Na pojedinim mestima već promiču nove vlati. Nepomično leži zaostalo od jeseni lišće. Tamno ili bezbojno, pokvašeno, zatim osušeno, rasprostrto, uvrnuto poput cevčice, iskrivljeno na različite načine, sa izvijenim krajevima, sa beličastim rubovima, okruglim rupicama i pegama na naličju...

Sve je različito, usitnjeno, i sve se pomešalo, sokovi i korenje, i spojilo u zajednički miris, u monotono šumsko šarenilo. Prirodna biljna povezanost susrela se sa povezanošću psihičkog iskustva koje će trave, iglice, grane, lišće i zajedno sa njima zgnječene konzerve razvrstati po njihovim predmetnim nizovima i istovremeno ih spojiti u šumski pejzaž.

Ideologija prirode do dana današnjeg ne može da se oslobodi od starog rusoističkog kompleksa. Ona je još uvek nastanjena senkama – osećanja, slobode, večnosti i po svoj prilici prirodnog prava. U naivnom, u pogrešnom suprotstavljanju prirodnog socijalnom (kao da doživljavanje prirode nije socijalno) – krije se neprolazno iskušenje.

Ugrjum-Burčejev je išao i išao napred, „projektujući pravu liniju" sve dok nije naišao na reku.

'Ko je to?' – užasnuto je upitao.

„Ali reka je nastavljala svoje žuborenje i bilo je u tom žuborenju nečeg izazivajućeg, gotovo zloslutnog. Činilo se da ti zvuci govore: lukavo je, ništarijo, tvoje bunilo, ali postoji i drugo bunilo, koje je, po svoj prilici, lukavije od tvoga. Da, to je takođe bilo bunilo, ili bolje reći – tu su se susrela dva bunila: jedno, koje je stvorio lično Ugrjum-Burčejev, i drugo, koje je prodiralo odnekud sa strane i izjavljivalo da je potpuno nezavisno od prvog."

Neuspešni ljudi su zloupotrebljavali prirodu kao antitezu administracije. Neuspešni, melanholični ljudi, ljudi koji su usled socijalnih, a ponekad i bioloških razloga istrgnuti iz tipskog ljudskog života, teže ka prirodi kao mestu na koje se mogu povući i gde se u slučaju potrebe lakše menjaju pravila igre. To je jalovo i usko shvatanje kojeg bi se trebalo odreći, ali je to teško uraditi.

Postoje radni i proizvodni odnos prema prirodi. Postoji osećajni odnos, po kojem je priroda suncem zagrejana koža, topla nežna prašina pod bosim nogama, ili voda, koja telu oduzima njegovu težinu, ili čvrsta, šuštava trava u koju toneš kao u vodu...

A sada želim da ispričam o čoveku za koga je priroda – materijal, ili uslov za rad stvaralačkog pamćenja. Obnavljanje elemenata, ponavljanje njihovih korelacija – to je jednoličnost prirode o kojoj je sa izvesnim prezirom govorio Hegel, upoređujući je sa promenjivošću istorijskih situacija. Međutim, upravo jednoličnost prirode oslobađa svest. Slobodna od haotičnih gradskih utisaka, uzbuđena posmatranjem divnih stvari prepunih značenja, sigurna u to da te stvari neće nikuda otići od nje i da će ih zateći u istoj korelaciji kada poželi da se vrati, misao preseca prirodu i ide dalje. To je psihološka činjenica poznata svakom ko voli da razmišlja šetajući.

Vrednosti u prirodi – od ideje božanskog do fiziološkog uživanja u mirisu, boji, toplini – očituju se sa neobičnom jasnoćom; njenu simboliku čine alegorije najvažnijih stvari: rođenja, smrti, ljubavi, rada, stvaranja, radosti i tuge. Cela priroda, od vulkana i glečera do suve travčice, podvrgnuta je detaljnoj simboličkoj obradi. Tako da svaki čovek, mada ne primećuje to, nosi u sebi mnoštvo značenja iz filozofije prirode.

Ima nečeg umirujućeg u sveopštosti, u nepromenjivosti značenja prirode – ona kao da potvrđuju, čak i za skeptični um, autentičnost sveta.

I tako se misao koja je napravila krug ponovo vraća na pitanje o vrednosti – o shvatanju života i smrti. Istom alejom od koje je započeta šetnja, polako se vraćam u hotel. Ovde smo ja i moj sagovornik, pre otprilike dva meseca, razgovarali o transcendentnim i imanentnim ljudima. Transcendentni ljudi zahtevaju apsolute od svog vremena. A kada im vreme ne daje apsolute, pojedini među njima ističu poslednje opravdanje svoje uzaludnosti, svojih pogrešnih puteva, mlitavosti impulsa: misao o tako visokoj vrednosti kakvu je nemoguće izvući iz sebe, i o tome da tu vrednost nije otkrilo vreme.

Oni koji su se odrekli svojih sposobnosti u korist svojih žudnji pravdaju se odsustvom objektivne istine, ljudi slabih mogućnosti opravdavaju se odsustvom pobuda. Njima preostaje da žele da svi budu kao oni; oni se noktima hvataju za dokaze o sveopštoj jalovosti. Ali ne slažu se baš svi da budu jalovi – pre svega imanentni ljudi, obdareni stvaralačkom voljom. Kako je uopšte moguć čovek sa imanentnim doživljajem vrednosti? To jest, kako egocentrik može u svom iskustvu da pronađe za sebe najvišu vrednost, koja ne samo da nije izvedena iz zadovoljstva, nego je gotovo uvek nespojiva sa zadovoljstvom? Samo ako se sama forma doživljavanja vrednosti, koja je urođena svakome, oslobodila i traži sama za sebe sadržaj. Stvaralac radi za spoljašnju socijalnu stvarnost, čak ne shvatajući njenu objektivnost, usled neutoljive želje za realizacijom svojih mogućnosti u stvaranju i radu. On ponekad čak ima svoj projekat idealne smrti: stvaralačka završenost, granica na kojoj je spoznao sve što je mogao spoznati; pošto spoznavanje nije beskrajno.

Za čoveka ovog tipa život je jednak shvatanju života i sve neshvaćeno, kao i sve zaboravljeno, pada u ambis nepostojanja. Jedinstvo svesti je za njega povezanost materijala stvaralačkog pamćenja u njegovoj neprestanoj borbi sa smrću koja iznutra pokušava da otkine još poneki komad stvarnosti. Kada čovek kaže: zašto da živim kad ću umreti? zašto da volim i radim ako je sadržaj nepoznat? – on postavlja beskorisna pitanja i izražava sumnje koje se ne mogu odraziti u praksi. Nezavisno od toga šta čovek misli ili govori u vezi sa tim, on će svejedno voleti, zato što ljubav ulazi bez najave; radiće, zato što ga stvaralačka sposobnost primorava poput zakona, i muči poput savesti.

Pa ipak mu se čini da u radu tih oblika duševnog iskustva ima nečeg apsurdnog. Tako se mogu pomiriti sa životom i smrću ravnodušni ljudi uvereni u to da „na kraju krajeva mogli bismo i da ne postojimo".

Nedovoljno ravnodušni se potajno nadaju da oblik svedoči o sadržaju.

Kraj 1930-ih.

# PROZA LIDIJE GINZBURG

Proza Lidije Ginzburg je jedna od zanimljivih pojava književnosti osamdesetih godina. Za naše potomke, ona će se verovatno uklopiti u sliku književnog procesa 20–80-ih godina, sa naglaskom na raniji period – 20, 30 i 40-e godine, ali za nas je to književni događaj 80-ih, kada se ova proza pojavljuje u časopisima i knjigama. Tome ide u prilog i to što se ona tokom vremena nije mnogo menjala, vezana je za određeni krug tema i, u stvari, predstavlja jedinstvenu knjigu, celinu, započetu 20-ih godina, a čiji su završni delovi napisani osamdesetih. Ujedno, ona je i treći i, po svemu sudeći, poslednji doprinos predstavnika formalističke škole ruskoj književnosti, posle proze Šklovskog i Tinjanova.[1]

Ova proza se realizovala u tri različita žanra. Prvi – *Zapisi* – originalno je ostvarenje u okviru šire evropske tradicije uspomena i eseja. To su naime manje, nevezane celine, nastale istovremeno sa događajima o kojima govore, koje autorka izdvaja prema određenim principima ličnog afiniteta. One imaju svoje mesto i u okviru ruske tradicije – od autora XVIII i početka XIX veka (vrhunac su *Beležnice* kneza P. Vjazemskog, Puškinovog prijatelja, koje su bile i predmet stručnog proučavanja Lidije Ginzburg), do Rozanova u XX veku – njen su nastavak, nova etapa i novi rezultat. Novo kod Lidije Ginzburg jeste ličnost autora. Ona je pripadnik (1902–1993) mlađeg pokolenja ruskih formalista, kojem pripadaju i G. Gukovski, B. Buhštab, V. Hofman

---

[1] Formalisti su uspešno delovali i ostavili trag u još jednoj umetnosti: filmu (kao scenaristi). Po scenarijima Šklovskog, Tinjanova i O. Brika realizovani su filmovi koji su ušli u istoriju sovjetske i svetske kinematografije (npr. *Treća Meščanskaja* A. Rooma, *Potomak Džingis-kana* A. Dovženko i dr.)

– česti junaci u *Zapisima*. Istovremeno je i predstavnik naučne škole (metodi te škole određuju njen način mišljenja), čiji je svetski značaj za nauku o književnosti danas očigledan. Osim toga, nalazi se u samom jezgru književnog procesa i svedoči o njemu. Istovremeno, i sama je zanimljiva ličnost i nadareni pisac, čiji se postupak i delo u vreme kada nastaju *Zapisi* tek formiraju. Sve to određuje i uslovljava krug interesovanja Lidije Ginzburg. Ali ne i jedino. Jer proza Lidije Ginzburg jeste psihološka proza, njen predmet je i saznanje predmetnog sveta i vlastite osobe, prirode stvarnosti i sâm proces saznanja. Njen predmet je, dakle, proces koji se odvija u vremenu, te knjiga (i opus Lidije Ginzburg) i nije mogla biti realizovana drugačije. Njen stalni protagonista je misao, čista misao u kretanju, u svom dodiru sa stvarnošću koja se menja – istorijskom, fiziološkom, prirodom.

Drugi deo opusa Ginzburgove su *uspomene* na istaknute savremenike-pisce (Ejhenbaum, Ahmatova, Bagricki, Zabolocki, Olejnikov), obojene njenim karakterističnim prilazom, ličnošću i darom. Po pravilu, one odlikuju osobu iz određenog, veoma dragocenog ličnog ugla (koji ipak nije isključivo ličan).

Treći deo, zastupljen u knjizi koja je najpotpunije predstavlja, *Čovek za pisaćim stolom* (1989), veće su prozne celine: *Povratak kući* (1931), *Misao koja je napravila krug* (kraj 1930-ih godina), *Zabluda volje, Zapisi blokadnog čoveka* (1942–1962–1983). U njima se spisateljka, po vlastitim rečima, bavi „analizom tragične svesti". U svakoj od njih čovek je postavljen pred ono što ga nadilazi: ljubav, smrt, socijalnu ili istorijsku kategoriju. Sve je sagrađeno na autentičnom (istorijskom) materijalu i ima dokumentarnu i opštu vrednost. S jedne strane, Lidija Ginzburg pripada krugu autora prve i druge polovine XX veka (Ana Ahmatova, Lidija Čukovska, Boris Pasternak, Nadežda Mandeljštam, Varlam Šalamov, Jurij Dombrovski, Aleksandar Solženjicin i drugi), koji kondenzovanjem ličnog i opšteg iskustva nastoje da prodru u smisao istorijskih događaja tog vremena i samim tim stvore osnovu za izgradnju nove, drugačije svesti. No, ona se ne ograničava stvarnosnim materijalom, nego se postavlja pred večna pitanja i polazi od njih, nastojeći da upravo na taj način (a poučena istorijskim iskustvom) dođe do pouzdanih odgovora (koliko je to u moći čoveka). Za tu svrhu ona je naoružana i moćnim kulturološkim aparatom. U ovim delima Lidija Ginzburg se dotiče najbolnijih tema, koje čovekova svest (i sa razlogom) izbegava i na koje se ne može dati konačan odgovor. To zna i Lidija Ginzburg, ali svejedno čini pokušaj čiji su misaoni (i estetski, napokon) rezultati zanimljivi i poučni. Neke od tema, u svoj svojoj neponovljivosti, diktira istorijska stvarnost – na primer, lenjingradsku blokadu u *Zapisima blokadnog čoveka*. Za preispitivanje drugih – na primer, teme smrti u *Misli koja je napravila krug* i *Zabludi volje* – ona se odlučuje sama, pošto je smatra važnom egzistencijalnom kategorijom, koja se u izmenjenim uslovima mora redefinisati – a ne bez razloga smatra i da će se u dodiru sa njom otkriti i mnoge strane svakodnevne stvarnosti. Ova povest je, sigurno, ne samo zahvaljujući magičnoj temi smrti već i ljudskom naporu autora, jedno od najuspelijih i najdalekosežnijih dometa ove (kao i psihološke uopšte) proze, kojih inače ima mnogo.

Delo Lidije Ginzburg je jedno od prvih koje je zahvatila zvanična, državna revalorizacija. Nakon diskusija o birokratizovanom sistemu književnog nagrađivanja, došlo je do promena, i Lidija Ginzburg, koja bi ranije mogla dobiti samo kvalifikacije „elitističkog autora", postala je laureat za 1988. godinu. Njenom delu to, razume se, ne može ni pomoći, ni odmoći – njegovi koreni su, što je očigledno, duboko intimni, a rezultati su pred nama, jer su nama i namenjeni. A objektivno priznavanje književne vrednosti od strane zvanične politike treba pozdraviti i shvatiti kao propaćenu pobedu zdravog razuma.

Zorislav Paunković

# SADRŽAJ

Lidija Ginzburg
MISAO KOJA JE NAPRAVILA KRUG
\*
Glavni urednik
JOVICA AĆIN
\*
Lektor
MILADIN ĆULAFIĆ
\*
Grafički urednik
MILAN MILETIĆ
\*
Nacrt za korice
JANKO KRAJŠEK
Realizacija
ALJOŠA LAZOVIĆ
\*
I. P. RAD, d. d.
Beograd, Dečanska 12
\*
Za izdavača
ZORAN VUČIĆ
\*
Priprema teksta
Grafički studio RAD
\*
Štampa
ZUHRA, Beograd